ullstein

Das Buch
Wissen in cool ...
... für alle, die dringend Klugscheißerwissen für die nächste
Party brauchen.
... für alle, die sich gerade in einem Wartezimmer langweilen.
... für alle, die nicht wussten, dass die Haut von Eisbären
schwarz ist.
... für alle, die zu viel Zeit mit der Deutschen Bahn verbringen.
... für alle, die nicht einschlafen können, und natürlich für alle
Fans von Taddl und Ardy.

Die Autoren
Taddl und Ardy gehören zu den erfolgreichsten YouTubern
Deutschlands. Auf ihren Kanälen präsentieren sie jede Menge
lustige Fakten und skurriles Wissen. Wenn die beiden keine
Videos produzieren oder Bücher schreiben, machen sie Musik.

Taddl & Ardy

WHAT THE FACT!

Völlig unnützes Wissen

Ullstein

Besuchen Sie uns im Internet:
www.ullstein-taschenbuch.de

Originalausgabe im Ullstein Taschenbuch
2. Auflage 2015
© Ullstein Buchverlage GmbH, Berlin 2015
Umschlaggestaltung: ZERO Werbeagentur, München
Titelabbildung: © FinePic®, München
Fotos: © Taddl & Ardy
Redaktion: Amrei Korda
Buchgestaltung: Anja Trentepohl
Gesetzt aus der Frutiger LT Pro und Agency FB
Papier: Munkenprint von Arctic Paper Munkendals AB,
Schweden
Druck und Bindearbeiten: GGP Media GmbH, Pößneck
Printed in Germany
ISBN 978-3-548-37580-9

VORWORT

UNNÜTZES WISSEN ÜBER ALLES, WAS IHR EUCH VORSTELLEN KÖNNT

SAMMELSTELLE FÜR VERRÜCKTE INFORMATIONEN

PRIVATE GEDANKEN UND STORYS

Vorwort

Habt ihr euch schon mal die Frage gestellt, ob es faktisches Wissen gibt, das noch weniger relevant fürs Leben ist als ungefähr ein Drittel des Mathematikunterrichts? Wir wissen, dass das unglaublich klingt, aber haltet euch fest: **Ja, das gibt es!**

Sollte euch nicht interessieren, was wir damit meinen, habt ihr mit dem Aufschlagen dieses Buchs einen fatalen Fehler begangen. Dieses Desaster, das ihr in den Händen haltet, wurde von zwei niederen Autoren zusammengetragen, die nicht nur 800 Semester unnütze Fakten studiert, sondern auch noch große Freude an unsinnigen Formulierungen sowie Ausdrucksweisen haben. Seite für Seite wird so der Intellekt des Lesers zersetzt, obwohl jedwede dieser Seiten mit vermeintlichen Informationen vollgestopft ist. Wie ist das möglich? Wissenschaftler aller Welt verzweifeln daran, die Logik dieses Werks aufzudecken.

Wir hoffen, dass euch mittlerweile klargeworden ist, auf was ihr euch hier einlasst. Unmengen von verrückten Fakten und Dingen, für die eigentlich kein Platz in eurem Köpfchen vorgesehen ist. Das hier ist eine Informationsquelle, die nur Sachen ausspuckt, die ihr eigentlich nicht wissen wollt! Wir übernehmen absolut keine Verantwortung für eure geistige Verwahrlosung. Bitte schön!

Der erste 3-D-Porno, der jemals veröffentlicht wurde, spielte mehr Geld ein als James Camerons *Avatar*.

Wer in Spanien Fastfood aufgabeln möchte, fährt nicht in den McDrive, sondern in den McAuto! So heißt McDonald's' Drive-in nämlich dort.

Ketchup ist eine chinesische Erfindung, während Chop Suey in Amerika erfunden wurde.

Seegurken und Schildkröten haben die wahnsinnige Fähigkeit, durch ihren Arsch zu atmen. Da werden wir fast neidisch.

Wenn man Salz richtig dosiert auf eine Wassermelone streut, wird sie tatsächlich süßer.

Kleopatra trug gerne mal einen unechten Bart.

Jeder Schwan, der in England sein Unwesen treibt, ist anerkanntes Eigentum der Queen.

Die Miss-Wahlen wurden 1909 in Hamburg erfunden. Die Siegerin trat unter dem Künstlernamen Gerda Sieg an.

Wenn man bei Google-Bildersuche die Zahl 241543903 eingibt, enthalten die Suchergebnisse fast ausschließlich Bilder von Menschen, die ihren Kopf in einen Kühlschrank stecken.

Sean Connery hatte in allen *James-Bond*-Filmen, in denen er die Hauptrolle gespielt hat, ein Toupet auf dem Kopf. Diese verführerische Mähne war nicht echt!

In der Türkei gibt es eine Stadt, die den wunderschönen Namen »Batman« trägt.

Die Vorwahl der Antarktis ist +6721.

Dendrophilie beschreibt die sexuelle Beziehung zu Bäumen. Sind wir nicht alle ein wenig dendrophil?

Das mag vielleicht ein wenig eigenartig klingen, aber das Schnabeltier hat einen Giftstachel.

In Großbritannien gibt es seit 1934 ein Gesetz, das das Ungeheuer von Loch Ness unter Naturschutz stellt, sofern es denn tatsächlich existieren sollte.

Die EU-Richtlinien für Limonade sind wesentlich weniger eng als die für Reiniger! Während Zitronenlimonade häufig künstliche Aromen enthält, muss Zitronenreiniger echte Zitronen enthalten.

Eintagsfliegen essen nichts. Wir sind das Gegenteil von Eintagsfliegen.

Michael Buffer hat seine allseits bekannte Ansage vor Box-kämpfen urheberrechtlich schützen lassen, was bedeutet, dass er der einzige Mensch ist, der »Let's get ready to rumble!« schreien darf.

Elefanten sind die einzigen Säugetiere, die nicht springen kön-nen.

In der Regel besitzen Regenwürmer fünf Herzpaare.

Seit 1964 gibt es einen Hochgeschwindigkeitszug in Japan, der den Namen »Shinkansen« trägt. Seine durchschnittliche Verspätung beträgt sechs Sekunden. Davon können wir in Deutschland nur träumen.

Der Name »Tausendfüßler« ist ein wenig überspitzt. Sie haben nämlich maximal 680 Füße.

Sowohl die Mutter als auch die Frau von Alexander Graham Bell, dem Erfinder des Telefons, waren taub.

Es gibt eine Katzenart, die sich »Munchkin« nennt. Diese nied-lichen Viecher haben superkurze Beine und sehen einfach nur viel zu süß aus.

Wer an Geniophobie leidet, hat tierische Angst vor dem menschlichen Kinn.

Mit 14 schrieb Hillary Clinton einen Brief an die NASA, in dem sie fragte, was man tun müsse, um Astronaut zu werden. Die Antwort lautete: »Be a man.«

Mozart hat ein Stück komponiert, das einen unglaublich herzergreifenden Titel bekommen hat. Er nannte es *Leck mich im Arsch*.

Das Plakat zum Film *Scary Movie 4* zeigt unter anderem einen Affen. Komischerweise kommt dieser aber überhaupt nicht im Film vor.

Die Luftwaffe Gambias besteht aus lediglich drei Flugzeugen. Mehr haben die nicht. Was wollen die damit?

Die Leber eines Eisbären enthält so viel Vitamin A, dass ein Mensch, wenn er diese verzehren würde, mit dem Tod rechnen müsste. Überdosierungen sind nicht cool, Freunde.

In Tennessee ist es verboten, jemanden als Feigling zu bezeichnen. Gut, dass diese unmenschliche Beleidigung staatlich unterdrückt wird.

Tick, Trick und Track sind die Kinder von Donald Ducks Schwester.

Nur ungefähr ein Zehntel aller Blitze schlagen in den Erdboden ein.

Die verrücktesten Todesursachen

Die hier aufgelisteten Tode sind so schrecklich dumm, dass wir uns mal erlauben, jedem einen Spitznamen zu geben. Wenn ihr lest, was hier steht, wird's Facepalms regnen. Versprochen!

Der Idiot – Clement Vallandigham tötete sich selbst, während er versuchte zu demonstrieren, wie ein Angeklagter am Tatort gehandelt haben könnte.

Das Suchtschwein – Lee Seung Seop starb an Dehydration und Erschöpfung, weil er 50 Stunden am Stück *StarCraft* gespielt hatte, während er in einem Internetcafé saß.

Der Dumbledore – Hans Steiniger ist der Name eines Mannes, der sich selbst das Genick gebrochen hat, indem er aus Versehen auf seinen eignen Bart getreten ist.

Der Ernährungsberater – Basil Brown kam ums Leben, weil er zu viel Karottensaft trank. Ganz so gesund ist Karottensaft wohl doch nicht.

Erfinder bis in den Tod – Jimi Heselden ist mit einem Segway eine Klippe hinuntergefahren und dabei draufgegangen. Das Krasse an der Geschichte ist, dass er Segways selbst erfunden hat!

Der Idiot Stufe II – Garry Hoy starb, weil er sich im 24. Stock gegen ein Fenster warf, um zu demonstrieren, dass diese unzerbrechlich sind. Hat leider nicht gestimmt.

Wenn ihr mal die Möglichkeit dazu habt, solltet ihr euch unbedingt Weichschildkröten anschauen. Die sehen aus wie Schildkröten, die von einem Lastwagen überfahren wurden. Richtig eigenartig.

Im Rüssel eines Elefanten ist Platz für sechs Liter Flüssigkeit. Wir könnten jetzt gut einen Witz bezüglich unserer primären Geschlechtsorgane machen, werden's aber lieber lassen.

Der Superschurke Black Manta aus dem DC-Universum leidet an Autismus.

Der Space Jockey aus dem ersten *Alien*-Film ist in Wirklichkeit wesentlich kleiner, als er im Film aussieht. Ridley Scott hat einfach Kinder in Miniaturanzüge gesteckt, um die Illusion von Größe zu erzeugen!

Männliche Oktopusse haben die Fähigkeit, ihre Färbung so zu ändern, dass sie genauso aussehen wie ein Weibchen.

Mo Ka Wang ist der Name eines Mannes, dem nachgesagt wird, den stärksten Penis der Welt zu haben. Er schaffte es nämlich, 120 Kilo mit seinem besten Stück zu stemmen.

Der Fingernagel des Daumens wächst wesentlich langsamer als die anderen.

Das erste Beruhigungsmittel bestand aus Äpfeln und dem Urin der Freundin Adolf von Baeyers, Barbara.

Wenn eine Ameise betrunken ist, wird sie von ihren Kollegen ins Nest getragen, um dort auszunüchtern.

Da er zu seiner Zeit noch nicht so eine große Nummer gewesen ist, war Picasso manchmal dazu gezwungen, seine eigenen Bilder zu verbrennen, um nicht zu frieren.

Eurotophobie ist die Angst vor den weiblichen Genitalien. Es ist ziemlich offensichtlich, dass die meisten Kerle sehr weit von dieser Phobie entfernt sind.

Sazae-san ist mit über 6.500 Folgen der längste Anime, den es gibt.

Die Bundesautobahn 862 ist mit einer Länge von nur 400 Metern die kürzeste Autobahn Deutschlands.

Rein theoretisch ist man offiziell ein Pirat, wenn man eine Straftat auf offenem Meer begeht.

Ketchup sollte ursprünglich eigentlich 'ne Medizin werden.

Die Sportartikelfirma Puma wurde nach dem Zweiten Weltkrieg vom Bruder des Adidas-Gründers ins Leben gerufen, nachdem die beiden Geschwister sich endgültig zerstritten hatten.

Es gibt einen Dokumentarfilm über Hühner, der einen sehr eigenartigen Namen hat. Er heißt nämlich *schwarzhuhnbraun-huhnschwarzhuhnweißhuhnrothuhnweiß oder put-putt.*

Die Quersumme von 1337 beträgt 14.

Joanne K. Rowling hat bestätigt, dass der Harry-Potter-Charakter Dumbledore, der alte Herr mit dem viel zu langen Bart, homosexuell ist.

Die unserer Sonne am nächsten gelegene Sonne ist 4,2 Lichtjahre von ihr entfernt.

Unter Kühen besteht ein sehr ausgeprägtes Sozialsystem. Sie haben sogar beste Freunde und empfinden Trauer, wenn sie von diesen getrennt werden.

Die englischen Begriffe »listen« und »silent« werden mit genau denselben Buchstaben geschrieben.

Der Zwischenname von Michael J. Fox ist Andrew. Ja, Andrew mit A. Ihr habt's schon richtig verstanden.

Es wird behauptet, dass Leonardo da Vinci auf Märkten mehrere eingesperrte Tiere erworben hat, nur um diesen die Freiheit zu schenken.

Es ist einfacher, eine Entscheidung zu treffen, wenn man pinkeln muss.

Psycho Mantis, einer der Bossgegner aus dem Spiel *Metal Gear Solid*, kann nur besiegt werden, indem man den ersten Controller in den Slot des zweiten Spielers steckt. Wir lieben solche innovativen Ideen!

Das Wort »unbeschreiblich« wird benutzt, um Dinge zu beschreiben. Das ist irgendwie ein wenig paradox.

Im Schlaf halten Seeotter Händchen, damit sie nicht voneinander wegtreiben. Wer das nicht süß findet, sollte mal beim Arzt sein Herz untersuchen lassen.

Lamborghini stellt übrigens auch Traktoren her.

In Alabama ist es nicht erlaubt, sich den eigenen Arm abzutrennen, nur um Mitleid zu bekommen.

Eine 17 Jahre alte Studentin aus China hat den Smartphone-Wahnsinn auf ein neues Level gehoben. Sie hat nämlich tatsächlich ihre Niere verkauft, um sich ein iPhone leisten zu können.

In der Regel fühlt man sich an runden Tischen weniger einsam als an eckigen, weswegen viele Filialen verschiedenster Ketten, wie zum Beispiel Starbucks, fast ausschließlich mit runden Tischen ausgestattet sind.

Durchgeknallte Feste und Feierlichkeiten

Stellt euch die krasseste Party vor, die ihr je miterlebt habt, und addiert fliegende Ziegen, 'ne Menge Tomaten und Babys, die vom Himmel fallen, um ungefähr auf das Level zu kommen, das euch auf dieser Seite erwartet.

In der indischen Stadt Solapur wird einmal im Jahr ein Fest gefeiert, bei dem Babys von 15 Meter hohen Tempeln geworfen und mit Bettlaken aufgefangen werden.

Ein ähnliches Ritual gibt es auch in Polvorosa, Spanien. Dort muss jedoch anstatt eines Babys eine Ziege dran glauben, die von einem Glockenturm geworfen wird.

In der spanischen Stadt Buñol treffen sich jedes Jahr Zehntausende Menschen am letzten Mittwoch des Augusts, um die größte Tomatenschlacht der Welt, die »Tomatina«, zu bestreiten.

Rund 200 Männer kämpfen mit sechs Meter langen Bambusstäben gegeneinander. Das ist das »Takeuchi Matsuri«, das in Rokugo, Japan, gefeiert wird. Erst gibt's 'ne Runde Sake, und dann geht's los!

Auf den schottischen Shetland-Inseln wird jeden letzten Dienstag im Januar das sogenannte »Up Helly Aa« gefeiert. Das ist ein Wikingerfest, für das ein komplettes Wikingerschiff nachgebaut und wieder abgebrannt wird!

Beim »Cooper Hill's Cheese Rolling Festival« geht's darum, 'nen Käse einen Hügel hinunterzurollen. Ja, das klingt cool, oder?

In Taipeh gibt es eine Prostituierte mit dem Spitznamen »Grandma«. Diesen Namen trägt sie nicht ohne Grund. Sie ist mit 81 Jahren auf dem Buckel nämlich die älteste Prostituierte der Welt.

Kängurus können pupsen, ohne Methan auszustoßen. Das ist mal 'ne Errungenschaft.

Wenn man das Wort »Illuminati« rückwärts in die Adresszeile eines Browsers eingibt und ein ».com« dahintersetzt, wird man automatisch zu der nationalen Sicherheitsseite der US-Regierung geleitet.

Die Sonne ist eigentlich ein Stern. Sie enthält 99,86 Prozent der gesamten Masse unseres Sonnensystems.

Der Film *Gravity* war teurer als die letzte indische Marsmission.

Die Firma Samsung hat in ihrer Anfangszeit nichts anderes produziert als Nudeln.

Über 90 Prozent der Meere dieses Planeten wurden noch nicht erforscht. Eigentlich fast erschreckend, was dort noch alles schlummern könnte!

In einigen Orten der Vereinigten Staaten ist Oralverkehr verboten.

Eine Avocado ist eine Beere.

In den englischsprachigen Versionen haben Optimus Prime und I-Aah von *Winnie Pooh* denselben Synchronsprecher.

In Saudi-Arabien ist der Verkauf von Barbiepuppen verboten.

Wenn man die Giftstoffe, die in einer einzigen Zigarette enthalten sind, konzentriert in die Blutbahn eines Menschen spritzen würde, würde dieser sterben.

Der Disney-Charakter Goofy hat eine verstorbene Frau.

Die Kreischeule stellt quasi Security ein, um ihre Eier zu beschützen. Sie trägt einfach Schlangen ins Nest, die die Eier nicht fressen, aber durch ihre Präsenz andere Angreifer fernhalten.

Wenn man »Do a Barrel Roll« in die Google-Suchzeile eingibt, dreht sich das Bild einmal um sich selbst. Das ist 'ne *Starfox*-Anspielung!

Es gibt ein Protein mit dem Namen »Pickachurin«.

Dass Bienen ihren Stachel abwerfen und sterben, wenn sie stechen, ist ein weitverbreiteter Irrglaube. Das passiert lediglich bei dicker Haut, wie zum Beispiel bei der des Menschen. Andere Insekten können sie einfach so oft durchbohren, wie sie wollen.

Der Japaner Masanobu Sato hält den absurdesten Weltrekord überhaupt. Er hat es geschafft, neun Stunden und 58 Minuten lang zu masturbieren. Er hält also den Dauerselbstbefriedigungsrekord. Seine Eltern sind bestimmt richtig stolz auf ihn.

Der Staatsname »Kanada« stammt vom Begriff »kanata« ab, der aus der Sprache der Sankt-Lorenz-Irokesen kommt und nichts anderes als »Dorf« bedeutet.

Faultiere haben bis zu 42 Stunden lang Sex. Wow!

Wenn ein Drache im Videospiel *Skyrim* verbrennt, ist das sogar auf der Weltkarte sichtbar, obwohl es dort normalerweise keine Bewegungen gibt.

Romeo Lori ist ein Mann, der in den Knast musste, weil seine Nachbarn sich über viel zu lautes Stöhnen beschwert haben. Er war einfach zu gut.

Die Firma Google besitzt ein komplettes Dinosaurier-Skelett. Die wissen auf jeden Fall, in was man investieren sollte.

Es gibt einen Kerl mit dem Namen Michel Lotito, der über lange Zeit hinweg ein Flugzeug und andere Metallteile verspeist hat.

Es wird vermutet, dass Kleopatra den Vibrator erfunden hat, indem sie wütende Bienen in ein längliches Gefäß gefüllt hat. Hoffen wir mal für sie, dass der Deckel nie während der Benutzung abgesprungen ist.

Die letzten Worte von Jack Daniel waren fast schon zu perfekt. Es waren folgende: »One last drink, please.«

Hippopotomonstrosesquippedaliophobie ist die Angst vor langen Wörtern.

Johnny Depp hat bereits mit 13 Jahren seine Jungfräulichkeit verloren.

Der Arbeitstitel für das wahnsinnig erfolgreiche Game *Minecraft* war schlicht und einfach »Cavegame«.

Das Datenzentrum der NSA in Utah soll angeblich fünf Zettabyte Speicherkapazität bieten. Das wären fünf Milliarden Terabyte. Da würden all unsere Pornos dreimal draufpassen.

Superkleber wurde in erster Linie erfunden, um Wunden zu kleben.

Die roten Leinen, die bei Profischwimmern die Bahnen trennen, nennen sich Wellenkiller-Leinen.

Der letzte Fakt über die Wellenkiller-Leine hat uns entfernt an eine persönliche Story erinnert. Da geht's nämlich darum, wie wir die Wellen gekillt haben! Ihr habt's bis jetzt schon überlebt, euch diesen ganzen Wissenskram reinzudrücken, da kann 'ne kleine Geschichte auch nicht mehr schaden!

Vor kurzem waren wir mit ein paar Freunden in Los Angeles unterwegs und bekamen Lust, Venice Beach zu begutachten. Leider waren wir mal wieder die schlausten Buben dieses Planeten und haben unsere Badesachen nicht eingepackt. Sehr schnell fingen wir an, diesen Fehler zu bereuen. Das Wasser war unfassbar sauber, der Sand beinahe so fein wie Mehl, und die Wellen schienen die dicksten Brecher zu sein, die wir je gesehen haben.

Nachdem wir kurz überlegt hatten, riss unsere Begeisterung uns einfach samt Klamotten in den Ozean. Neben den brutalen Schlägen der Monsterwellen machte sich ein wunderschönes Gefühl von Spontaneität und gemeinsamem Glück breit. Es gibt nicht mal 'ne richtige Pointe, aber sich daran ein weiteres Mal zu erinnern, hat sehr gutgetan. Außerdem soll das, was ihr hier erfahrt, doch unnützes Wissen sein, richtig?

Glaubt man der Aussage eines Mitarbeiters, ist in der Kulisse der *Fluch-der-Karibik*-Attraktionen in Disneyland ein echter menschlicher Schädel versteckt.

Der Schweizer Fußballspieler Paulo Diego hat sich beim Torjubel tatsächlich einfach einen Finger abgerissen.

Der volle Name des Cartoon-Charakters Jimmy Neutron lautet James »Jimmy« Isaac Neutron und ist eine Anspielung auf Isaac Newton.

Als die Serie *Star Trek: The Next Generation* abgesetzt wurde, war sie gerade erfolgreicher als jemals zuvor.

»Chin« ist ein japanischer Begriff, der nur vom Kaiser verwendet werden kann, um sich selbst zu beschreiben.

Wenn man's genau nimmt, sind Sojabohnen eigentlich Erbsen.

Es gibt eine hawaiianische Göttin namens Kapo, die die unglaublich nützliche Fähigkeit besitzt, ihre Vagina abnehmen zu können. Da kommt eine simple Frage auf: Wozu?

Martin Luther Kings Mutter wurde per Schusswaffe ermordet, während sie gerade in der Kirche Orgel spielte.

Nackt zu schlafen kann das Selbstvertrauen eines Menschen steigern.

In Syrien sind Croissants verboten.

In der jüdischen Mythologie war Adam bereits mit einer Frau namens Lilith verheiratet, bevor er Eva traf.

Im ersten Ideenkonzept des Videospiels *Infamous* waren die Feinde noch lila Gorillas, die Luftballons gejagt haben. Das ist mal 'n ganz schöner Kontrast zur jetzigen Version.

An der Synchronisation des Spiels *Ducktales: Remastered* wurden alle Originalsynchronsprecher, die zur Zeit der Produktion noch am Leben waren, beteiligt.

Die Zugszene des James-Bond-Films *Skyfall* wurde tatsächlich auf einem fahrenden Zug gedreht. Das ist echt 'ne richtig coole Sache.

Der Synchronsprecher von Miss Piggy ist männlich.

Tommy G hält den Weltrekord für die am längsten gespielte Note überhaupt. Er hat's irgendwie hinbekommen, mit dem Saxophon einen Ton über 45 Minuten lang zu halten.

Brasilien war in noch keinem Krieg auf der Verliererseite vertreten.

Die Schokoladen-Firma Ferrero hat übrigens die Tic Tac erfunden!

In Italien gibt es die Tradition, an Neujahr rote Unterwäsche zu tragen.

Bevor er den Namen Buzz Lightyear bekam, sollte der kleine *Toy-Story*-Held Lunar Larry heißen. Der neue Name ist da schon 'ne ganze Ecke besser.

Wenn man im Versus-Screen des Spiels *Dragonball Z Budokai Tenkaichi 3* länger als 20 Sekunden wartet, stellt sich Nappa die Frage, was wohl passieren würde, wenn er zum Super Sayajin wird. Ziemlich interessanter Gedanke.

Elvis Presleys Naturhaarfarbe war eigentlich Blond.

Frauen und Männer finden ihren Partner bei einem Date deutlich attraktiver, wenn sie selbst gerade hungrig sind.

Jemand, der Angst davor hat, sein Gedächtnis zu verlieren, leidet an Amnesiophobie.

Der schwedische Begriff für das Wort »Kuchen« lautet »Kaka«. Wir wissen, dass das ein wenig kindisch ist, mussten aber trotzdem schmunzeln.

Der Aokigahara ist ein Wald in Japan, in dem außergewöhnlich viele Selbstmorde begangen werden. Das liegt daran, dass die Protagonistin eines Bestsellers genau das getan hat.

Südkorea hat die höchste Selbstmordrate der ganzen Welt.

Es gibt ungefähr 86-mal so viele Legosteine, wie es Menschen auf diesem Planeten gibt.

Als Mitch Hedburg starb, hat die Öffentlichkeit seinen Tod für einen Scherz gehalten, weil die Meldung am 1. April in der Presse auftauchte.

Marylin Manson und Die Antwoord haben denselben Manager. Man kann die Parallelen mit dem bloßen Auge erkennen.

Space Jam ist der erfolgreichste Basketball-Film, der je gedreht wurde. Als Kinder haben wir den richtig gefeiert.

In der ersten Staffel von *Scrubs* sollte der Hausmeister reiner Bestandteil der Gedankenwelt JDs sein. Er kam jedoch so gut bei den Zuschauern an, dass er als wirklich existierender Charakter integriert wurde.

Im Jahre 2000 hat ein Voting japanischer Bürger Instant-Nudeln zur besten nationalen Erfindung des 20. Jahrhunderts erklärt.

Pokémon Gold und *Pokémon Silber* sollten eigentlich die letzten Pokémonspiele sein, das Ganze hat sich dann aber doch ein bisschen in die Länge gezogen.

Fakten über Haare

Es gibt sie in verschiedensten Farben. Rote Haare, schwarze Haare, blonde Haare und sogar pinke Haare, aber habt ihr gewusst, dass man sie versteuern kann?

Afrikaner haben durchschnittlich 161 Haare pro Quadratzentimeter, während es bei Asiaten ungefähr 175 und bei Europäern etwa 226 Haare sind.

Mehr als die Hälfte aller Menschen haben schwarzes Haar.

Normalerweise ist die Länge des Kopfhaars genetisch auf etwa einen Meter begrenzt. Längeres Haar hat einen besonders langen Wachstumszyklus.

Nur etwa ein bis zwei Prozent der Weltbevölkerung haben rotes Haar. In Schottland sind es etwa 13 Prozent der Bevölkerung.

Die Chinesin Xie Quiping ist die Frau mit den längsten Haaren. Ihr Zopf ist wahnsinnige 5,62 Meter lang.

Peter der Große und Elizabeth I. erhoben jeweils Steuern auf Bärte. Verdammte Steuern auf Bärte!

Kriminaltechniker nehmen für eine Haaranalyse gerne Haare vom Hinterkopf als Probe. Cannabis, Kokain, Ecstasy, Heroin und sogar Stoffwechselprodukte infolge längeren Alkoholmissbrauchs lassen sich damit nachweisen!

Um Lippenstiftabdrücke zu vermeiden, wurden die ersten Marlboro-Zigaretten mit pinken Filtern versehen.

Es ist tatsächlich so, dass dunkle Schokolade den menschlichen Blutdruck senken kann, während das mit weißer Schokolade nicht funktioniert.

Es gibt einen japanischen Superhelden mit dem Namen »The Rapeman«, dessen Aufgabe es ist, Frauen zu vergewaltigen. Wir kennen ja den verrückten Kram aus Japan, aber das ...?!

Greifvögel sind in der Lage, ultraviolettes Licht zu sehen.

Der volle Name des Cartoon-Charakters Homer J. Simpson lautet Homer Jay Simpson.

Damit der menschliche Körper auch nur einen einzigen Schritt vollführen kann, werden mehr als 200 Muskeln benötigt.

Die Anzahl von Flugzeugen in Alaska ist beinahe genauso hoch wie die Anzahl der Autos in Alaska.

Zu Zeiten der Pest galt Parfüm als vielversprechendes Gegenmittel.

Daniel Düsentrieb hat genau 180 Dinge erfunden.

Jahreskarteninhabern des Zoos in Hannover wird allein durch Gesichtserkennung Zutritt gewährt.

Der bekannte Kaufhauserpresser Dagobert hat es einmal knapp geschafft, der Polizei zu entfliehen, weil ein Beamter ausgerutscht ist. Man munkelt, dass er auf einem Hundehaufen ausgerutscht sei.

Der Wisent ist das größte Landsäugetier Europas und sieht Bisons sehr ähnlich.

Erst ab 1489 wurden die Symbole »+« und »–« als mathematische Zeichen verwendet, um Addition und Subtraktion zu kennzeichnen.

Die Schauspielerin Elizabeth Taylor hatte sich gewünscht, dass sie zu spät zu ihrer eigenen Beerdigung erscheint, weswegen die Zeremonie dann tatsächlich eine Viertelstunde zu spät in Gang gesetzt wurde.

Elefanten hören ihr ganzes Leben lang nicht auf zu wachsen.

Ein Grund dafür, dass das Facebook-Design blau gehalten ist, ist unter anderem, dass Mark Zuckerberg unter Rot-Grün-Blindheit leidet.

Ursprünglich sah ein Thermometer so aus, dass der Siedepunkt bei null Grad und der Gefrierpunkt bei 100 Grad Celsius angesetzt war.

In Berlin gibt's tatsächlich mehr Brücken als in Venedig.

Tintenfische können die Farbe ihrer Umgebung annehmen, sind aber trotzdem farbenblind. Ziemlich gewiefte Geschöpfe, wenn ihr uns fragt.

Es gibt eine Einheit, mit der sich die Stärke von Geruch messen lässt. Sie trägt den Namen »Olf«.

J. K. Rowling ist keine Milliardärin mehr, weil sie so viel ihres Geldes für wohltätige Zwecke gespendet hat. Hut ab, Mrs. Rowling!

Lina Medina ist ein Mädchen, das im Alter von knapp sechs Jahren bereits ein Kind zur Welt gebracht hat.

Ihr fürchtet die Zahl 13? In Japan ist die 4 eine Unglückszahl.

Ein Meter ist die Länge der Strecke, die Licht im Vakuum während der Dauer von 1/299.792.428 Sekunden durchläuft.

Wir, die Autoren dieses Buches, sind nicht die einzigen Lebewesen, die 20 Stunden am Tag schlafen. Fledermäuse tun das nämlich ebenfalls!

Die Hülse aus Metall, die den Radiergummi an einem Bleistift befestigt, trägt den Namen »Ferrule«.

Disney hatte ursprünglich geplant, eine Serie zum Spiel *Kingdom Hearts* zu kreieren. Als die ersten Storyboards fertig waren, haben sie sich jedoch dazu entschieden, die Ideen lieber für weitere Spiele aufzubewahren.

McDonald's' Big Mac wurde 1967 in Pennsylvania erfunden und kostete zu dieser Zeit umgerechnet nur ungefähr 45 Cent.

Wenn man's genau nimmt, kommt Sushi eigentlich aus Norwegen.

Südafrika hat insgesamt elf Landessprachen.

Der volle Name von Picasso ist folgender: Pablo Diego José Francisco de Paula Juan Nepomuceno María de los Remedios Cipriano de la Santísima Trinidad Ruiz y Picasso.

Um 1900 war das Furzen von verschiedenen Tönen noch eine anerkannte Kunstform. Schade, dass das heute nicht mehr so ist. Wir könnten damit sicher ein bisschen Geld verdienen!

Wissenswertes über Pornos

Manchmal gibt es Themen, die doch wirklich jeden von uns interessieren, nicht wahr? Du liest richtig: Pornos! Du hast dich nicht umsonst auf diese Seite verirrt.

Der erste Pornofilm, der Sex in eine Handlung einbindet, stammt aus dem Jahr 1908 und heißt *Zum goldenen Ecu oder Die gute Herberge*. Es ist ein Stummfilm, in dem es um einen müden Soldaten und eine Wirtshausmagd geht.

Die Eltern der Schauspielerin Thora Birch lernten sich 1972 bei den Dreharbeiten zu *Deep Throat* kennen. Das erzählt man seinen Kindern doch gern.

Im Jahr 2010 gaben 29 Prozent der befragten Angestellten in den USA an, dass sie sich mindestens einmal in der Woche erotische Filme am Arbeitsplatz anschauen.

Die Bundesprüfstelle für jugendgefährdende Medien verfügt über eine der bestsortierten Pornosammlungen weltweit – sie bewertet alle in Deutschland erscheinenden Filme und archiviert die indizierten Filme für mindestens 25 Jahre.

Die ehemalige Pornodarstellerin und spätere italienische Politikerin Ilona Staller bot Saddam Hussein in den 1990ern Sex als Gegenleistung für das Ende seiner Diktatur an. 2006 machte sie ein ähnliches Angebot für Osama bin Laden, allerdings im Rahmen einer Erotikmesse.

Die erste lila Milka-Kuh trug den wunderschönen Namen Adelheid.

Albatrosse können bis zu 950 Kilometer am Tag hinter sich lassen. Respekt dafür!

Laut eines Charakter-Guides, den Nintendo 1993 veröffentlichte, lautet Yoshis voller Name »Yoshisaur Munchakoopas«.

Die Fettschicht von Walen und Robben wird »Blubber« genannt.

Das Eigelb enthält mehr Eiweiß als das Eiweiß.

Eine Wanderratte kann sich bis zu 2.000-mal am Tag paaren und macht uns damit fast ein wenig Konkurrenz.

Der Regen im erfolgreichen Videospiel *Minecraft* entspringt scheinbar nicht den Wolken, denn er startet über ihnen und fällt durch sie hindurch.

Das Gehirn eines Straußes ist kleiner als sein Auge.

Wenn es draußen sehr heiß wird, koten Störche gern mal auf ihre eigenen Füße, um diese abzukühlen. Völlig verständlich. Wir machen das genauso.

Robin Williams benannte seine Tochter nach der Prinzessin aus dem Spiel *The Legend of Zelda*. Ja, die Gute hat tatsächlich den Namen Zelda bekommen. Nintendo war davon so begeistert, dass sie das sogar in einen Werbespot eingebunden haben.

Delfine schlafen mit geöffneten Augen.

Anatidaephobie bezeichnet die Angst davor, dass irgendwo auf diesem Planeten eine Ente sein könnte, von der man gerade beobachtet wird.

Die Hautkrankheit, durch die zum Beispiel auch Michael Jackson weiß wurde, nennt sich Vitiligo.

Der Vorname vom werten Doktor Oetker lautet August.

Dass Karotten die Sehstärke beeinflussen, ist ein Irrglaube, der von Mama zu Mama weitergetragen wird.

In Somalia gibt's mehr Ziegen als menschliche Einwohner.

Das Herz eines Shrimps befindet sich in seinem Kopf.

Hätte eine Wischmoppfirma nicht bereits diesen Namen benutzt, würde SpongeBob heute SpongeBoy heißen.

Wenn man niest, kann die Luft, die durch die Nase strömt, eine Geschwindigkeit von bis zu 160 km/h erreichen.

Während des Zweiten Weltkriegs wurde der berühmte Filmpreis »Oscar« aus Holz angefertigt, um möglichst viel Metall zu sparen.

Durch die Erfindung des sozialen Netzwerks Facebook wurden bereits fünf Menschen zu Milliardären.

Nomophobie ist der Fachbegriff für die Angst davor, nicht per Handy erreichbar zu sein.

Der Cartoon-Charakter Butters aus der provokanten Serie *South Park*, die für ihren schwarzen Humor bekannt ist, hat am 11. September Geburtstag.

Kommt eine männliche Honigbiene beim Geschlechtsakt zum Höhepunkt, platzen ihre Hoden. Ja, Freunde, das ist traurig.

Gibt man in der Google-Bildersuche »atari breakout« ein, startet das alte Spielhallenspiel *Breakout* im eigenen Browser.

Die englische Bezeichnung für den Mondfisch ist »sunfish«.

Schottlands Nationaltier ist das Einhorn.

Die bevölkerungsreichste Insel der Erde ist Java, eine der indonesischen Hauptinseln.

In der Serie *Spongebob Schwammkopf* gibt es Seen, Meere, Strände und sogar Feuer unter Wasser. Als wir noch klein waren, ist uns das nie aufgefallen!

In der DDR nannte man Bodybuilding »Körperkulturistik«.

Der Name der Internetseite Yahoo ist eine Abkürzung für »Yet Another Hierarchial Officious Oracle«, was frei übersetzt so viel heißt wie »Noch so ein hierarchisches eifriges Orakel«.

Auf der Seite Vat19.com ist es möglich, einen Gummibären zu kaufen, der 1.400-mal so groß ist wie ein normales Gummibärchen.

Das erste Video auf der Videoplattform YouTube trug den Titel »Me at the zoo« und zeigt einen der Mitgründer der Seite auf einer Tour durch einen Zoo.

Es gibt eine Kartoffelchipsmarke mit dem wunderschönen Namen »MEGAPUSSI«.

Die Nationalhymne Griechenlands erstreckt sich über 158 Strophen. Zum Glück werden aber in der Regel nur die ersten zwei vorgetragen.

Die Ohren der Laubheuschrecke befinden sich unter den Knien.

Wir haben das Gefühl, dass es langsam mal wieder Zeit für eine verrückte Geschichte wird, richtig? Dieses Mal treibt sie uns auf einen Roadtrip durch ganz Europa!

Das wird jetzt vielleicht ein wenig esoterisch klingen, aber die Fahrt durchs spanische Gebirge in Richtung Dos Aguas ist einer dieser idyllischen Momente in unserem Leben, an die wir uns in 800 Jahren noch erinnern werden. Der Van und das Cabrio, die uns auf der zweiwöchigen Reise ans Herz gewachsen waren, rollten quasi lautlos an den Unmengen von Klippen und Abgründen vorbei, während wir unsere Münder nicht mehr schließen konnten. Gleißendes Sonnenlicht, unsäglich reine Luft und atmosphärische Musik aus dem Autoradio tauchen in unseren Köpfchen auf, wenn wir an diesen Augenblick denken.

Und als ob die Landschaft mit all ihren Bergen, Wäldern und Flüssen noch nicht genug wäre, erwartete uns am Ende der Straße ein Bungeesprung, den wir dann auch tatsächlich zusammen durchgezogen haben. Abgesehen von den eingeklemmten Primärgeschlechtsorganen war es eine wahnsinnig coole Erfahrung, die vor allem in Verbindung mit der wunderschönen Umgebung die verschiedensten Emotionen hervorgerufen hat.

Es ist wirklich schwierig, diese Gefühlswelt irgendwie niederzuschreiben, aber »Freiheit« ist ein Begriff, der uns dabei sofort in den Sinn kommt.

Vor dem Zweiten Weltkrieg war Afri-Cola noch das erfolg-reichste Cola-Getränk in Europa.

»Paruresis« ist der Fachbegriff fürs Nicht-pinkeln-Können, wenn sich eine andere Person in der Nähe befindet. Manchmal wird's auch »schüchterne Blase« genannt.

Im Spiel *Sonic 3* erscheint der Schriftzug »GET BLUE SPHERES« am Anfang eines Levels. Vorher hieß es »GET BLUE BALLS«, was aber geändert wurde, um sexuelle Anspielungen zu vermeiden.

Schimpansen haben in der Regel lediglich sieben bis acht Sekunden lang Geschlechtsverkehr. Ein kurzer Spaß, liebe Freunde.

Ein Opossum hat dreizehn Nippel.

Der bayerische König Ludwig II. ist der erste Mensch gewesen, der jemals Autogrammkarten mit einem Selbstporträt darauf verteilt hat. Das Ganze hat er 1864 ins Rollen gebracht.

Stefan Effenberg ist ein Spieler der Fußball-Bundesliga, der bereits 114 gelbe Karten gesehen hat.

Die Flagge der Dominikanischen Republik ist die einzige Flagge, die eine Bibel zeigt.

Bei der Tour de France 1913 starteten 140 Fahrer, aber lediglich 25 erreichten das Ziel.

Im alten Ägypten wurde unter anderem Krokodilkot als Verhütungsmittel benutzt. Das ist natürlich überhaupt kein Stimmungskiller. Nein.

Im Mund des Menschen sind mehr Bakterien zu Hause als im After.

Der längste Dauerschluckauf hielt ganze 69 Jahre an. Wie komisch das Gefühl gewesen sein muss, als es plötzlich vorbei war.

Der Name Alexander der Große ist eine große Lüge! Der werte Alexander war nämlich knappe 1,50 Meter groß.

Das Baby, das sich auf dem Album *Nevermind* von Nirvana befindet, trägt den Namen Spencer Eldon.

Die Anwälte des Rappers Jay-Z haben versucht, den Titel des Games *DayZ* in *Zday* umändern zu lassen. Es hat jedoch nicht geklappt.

In Großbritannien bekommt man 'ne Grußkarte von der Queen persönlich, sobald man das hundertste Lebensjahr erreicht hat.

Die Funktionalität der menschlichen Augen nimmt zu, wenn einen die Angst überkommt.

Jack Andraka ist ein Junge, der mit 15 Jahren im Biologieunterricht ein Mittel zur frühen Erkennung von Krebs erfunden hat.

In Frankreich gibt es eine Siedlung mit dem wunderschönen Namen »Pussy«.

Im Irak gibt es ein Denkmal für die Person, die ihren Schuh auf George Bush geschmissen hat.

Der Name »Duschdas« kommt vom ursprünglichen Markennamen »das«. Vor Duschdas gab's zum Beispiel den Badezusatz »Badedas«.

Nur durch Goethes Idee, Kaffeebohnen zu destillieren, ist Koffein entstanden, was heute die weltweit am häufigsten konsumierte psychoaktive Substanz ist.

Joghurt kennt man in Mitteleuropa erst seit dem Ersten Weltkrieg.

»Doramad« war der Name einer radioaktiven Zahnpasta, die weiße Zähne durch Strahlung versprach. Nachdem die Atombombe auf Hiroshima abgeworfen wurde, haben sie das Produkt dann doch vom Markt genommen.

Frankreich und Irland haben die höchsten Fruchtbarkeitsraten in Europa.

Ein Synonym für »Synonym« ist laut Duden das Wort Homöonym.

Bayern hat die Herstellung von Heroin 1931 eingestellt, während im restlichen Deutschland Heroin erst 1971 verboten wurde.

Das Granzower Möschen ist ein See der Mecklenburgischen Seenplatte. Am südwestlichen Ende liegt die Siedlung Niemandslust.

Müller ist der häufigste Nachname in Deutschland. In Österreich kommt Gruber am häufigsten vor.

Weltweit gibt es nur 22 Länder, in die England niemals einmarschiert ist.

Auf Island gibt es kein McDonald's-Restaurant. Island kommt als Reiseziel also nicht mehr in Frage!

Norwegen, Schweden, Finnland und Russland sind jedoch sehr schöne Reiseziele, denn dort haben die Frauen die größten Brüste weltweit.

Schule, Schule, Schule

Auch wenn ihr's nicht glauben wollt, wir haben euch 'n paar interessante Informationen über Schule herausgesucht.

»Schola« hieß im Altgriechischen ursprünglich »freie Zeit«, »Müßiggang«, »Nichtstun«.

Ein Pedibus ist eine Gruppe von Kindern, die von einer erwachsenen Person begleitet zu Fuß zur Schule geht. Die Kinder werden wie mit dem Bus zu bestimmten Zeiten an bestimmten Orten abgeholt.

In der DDR waren die Schultüten sechseckig und 85 Zentimeter lang, in der BRD sind sie eher rund und 70 Zentimeter lang.

In der Schweiz ist sechs die beste Note, eins die schlechteste.

Eine Heidelberger Berufsschule führte 2007 das Schulfach Glück ein. Es ist inzwischen an einigen Schulen in Deutschland, Österreich und der Schweiz etabliert.

In Armenien ist Schach Pflichtfach in der Grundschule.

Die Highschools in den USA sind bekannt für ihr breites Angebot an unterschiedlichsten Schulfächern. Dazu gehören Charity-Veranstaltungen, Zumba und Immobilienmanagement.

An 104 Schulen in Großbritannien wurden testweise Oralsex-Kurse eingeführt. Die Rate der schwangeren Schülerinnen sank in dieser Zeit um 20 Prozent.

Als Google im Mai 2010 sein Logo durch ein *PacMan*-Spiel ersetzte, blieben die Nutzer im Schnitt 36 Sekunden länger auf der Startseite der Suchmaschine.

Die rumänische Krone wurde aus dem Stahl einer Kanone geschmiedet, die die rumänische Armee im Unabhängigkeitskrieg von den Ottomanen beschlagnahmt hatte.

Der rotierende Hotelflur aus *Inception* ist nicht computeranimiert. Für den Film wurde tatsächlich ein drehbarer Flur gebaut.

Die fünf ältesten Firmen der Welt haben ihren Sitz in Japan.

Große Tümmler verfügen über persönliche Pfeiflaute, mit denen sie sich in der Gruppe individuell zu erkennen geben und mit denen sie gerufen werden können – quasi ein Name.

Ratten lachen, wenn sie gekitzelt werden.

Das Scanner-Lauflicht in der Wagenfront von K.I.T.T. aus *Knight Rider* wurde zuerst bei den Zylonen aus *Kampfstern Galactica* verwendet. Beide Serien hatten denselben Schöpfer.

Die Geräte aus den Bereichen Informations- und Unterhaltungselektronik machen ein Viertel des Stromverbrauchs in deutschen Privathaushalten aus.

Jingle Bells war das erste Lied, das von Astronauten im All gespielt und auf die Erde übertragen wurde.

Das Icon des Interpreten in der iPhone-Musik-App ist eine Silhouette des U2-Sängers Bono.

Ein Katzenohr hat 32 Muskeln.

Die *Titanic* war der einzige Ozeandampfer, der durch einen Eisberg versenkt wurde.

Schmetterlinge und Fliegen schmecken mit den Füßen.

Eine Forschergruppe aus Australien, Großbritannien und den USA hat herausgefunden, dass Menschen, die abends lange aufbleiben, im Durchschnitt selbstverliebter, manipulativer und öfter psychopathisch sind als Frühaufsteher.

Lamas spucken keinen Speichel, sondern Mageninhalt – bis zu fünf Meter weit. Sie verteidigen damit ihr Revier und ihre Stellung in der Gruppe. Genau wie wir!

Die gesunde menschliche Blase kann nicht platzen. Vorher pinkelt man sich in die Hose.

Menschen, die glauben, dass sie betrunken sind, halten sich selbst eher für attraktiv.

Mistkäfer orientieren sich an der Milch-straße.

Der US-Amerikaner Gustano Pizzo hat eine Falle für Flugzeug-entführer erfunden, die es ermöglicht, die Entführer als Paket verpackt mit Fallschirm zurück auf die Erde segeln zu lassen – idealerweise direkt in die Hände der Polizei.

In Idaho ist es verboten, Forellen zu fischen, während man auf einer Giraffe sitzt.

Der weißrussische Präsident Aleksander Lukaschenko ließ das Klatschen in der Öffentlichkeit verbieten.

Schimpansen können einander anhand von Fotos ihrer Hinter-teile identifizieren.

Nachdem im Januar 1950 fast die gesamte nationale Eishockey-mannschaft der sowjetischen Luftwaffe bei einem Flugzeug-absturz ums Leben gekommen war, setzte Stalins Sohn Wassili, der für das Team zuständig war, innerhalb eines Tages eine neue Mannschaft zusammen und ließ den Absturz vertuschen. Er fürchtete die Reaktion seines Vaters.

Die älteste öffentliche Toilette der Welt ist 240 Millionen Jahre alt und wurde von Exemplaren der Spezies Dinodontosaurus genutzt.

Mit etwa 14 Millionen US-Dollar Produktionskosten war der Pilotfilm von *Lost* der teuerste bis dahin. Der Chef von ABC, Lloyd Braun, wurde später vom Mutterkonzern Walt Disney gefeuert, weil er einem so teuren Projekt grünes Licht gegeben hatte.

In Florida ist es verboten, mit einem Stachelschwein sexuellen Verkehr zu haben, was uns persönlich jetzt nicht so sehr stört.

In China gibt es »Porno-Richter«, die im Auftrag der Regierung den ganzen Tag pornographische Inhalte anschauen und entscheiden, ob sie nach chinesischem Recht gesetzeswidrig sind oder nicht. Da hat man bestimmt immer ordentlich was zu erzählen, wenn man nach Hause kommt.

2006 versuchte ein Australier, Neuseeland auf eBay zu verkaufen. Der Preis stieg auf 3000 US-Dollar, ehe eBay die Auktion schloss.

Ashley und Mary-Kate Olsen sind zweieiige Zwillinge.

In einigen Bundesstaaten Mexikos gibt es keine Fahrprüfung. Um dort den Führerschein zu erhalten, muss man auf einem Formular unterschreiben, dass man fahren kann.

Die Flügelspannweite einer Boeing 747 ist länger als die Strecke, die die Brüder Wright bei ihrem ersten Flug zurückgelegt haben.

Abgefahrenes Zeug über Minecraft

Minecraft *ist 'n superlustiges Videospiel, das wahnsinnig erfolgreich ist. Wer uns genauer kennt, weiß, dass wir 'ne Menge* Minecraft *spielen. Da sind wir ja fast gezwungen, hier auch ein paar* Minecraft-*Fakten reinzudrücken!*

Die dänische Behörde für Geodaten hat Dänemark in *Minecraft* maßstabsgetreu nachgebaut. Dann gab es eine Invasion: Unbekannte zerstörten viele Teile des Landes und platzierten US-Flaggen und Panzer auf den Trümmern.

Der Creeper entstand aus dem missglückten Modell eines Schweins.

Eine Schule in Stockholm hat *Minecraft* zum Unterrichtsfach gemacht. Es soll das kreative Denkvermögen der Schüler fördern.

Die Geräusche der Endermen sind schneller, höher und rückwärts abgespielte Aufnahmen gesprochener Begrüßungen.

Schafe waren die ersten Kreaturen in *Minecraft*.

Die Lebewesen in *Minecraft* sind allesamt geschlechtslos.

Endertruhen, Blumentöpfe und Rahmen basieren auf Ideen, die beim Social-News-Aggregator Reddit veröffentlicht wurden.

Die Loren scheinen über die Schienen zu fließen, weil das Grafikmodell nicht über Räder verfügt.

Die US-Flaggen von der Mondlandung im Jahr 1969 sind inzwischen weiß, ausgeblichen nach über 40 Jahren ungefilterter UV-Strahlung.

Der Erfinder der ersten Maschine zur Herstellung von Zuckerwatte war William James Morrison, ein Zahnarzt.

Jede Minute werden bei YouTube 100 Stunden Videomaterial hochgeladen.

Ein elfjähriger Junge aus Illinois schaffte es 1987, schlafwandelnd 160 Kilometer zurückzulegen: Er war in einen Zug gestiegen.

Bis zu 97 Prozent aller täglich versendeten E-Mails sind Spam.

Die erste Webcam der Welt stand in einem Computerlabor der Universität Cambridge und sendete Bilder einer Kaffeemaschine.

Pro Badegast befinden sich 50 Milliliter Urin in einem Schwimmbecken.

Das Risiko, an einem Kugelschreiberteil zu ersticken, ist größer als das Risiko, vom Blitz getroffen zu werden.

Der Augenringmuskel, der das Blinzeln ermöglicht, ist der schnellste des menschlichen Körpers.

In Australien ist Sex mit einem Känguru nur erlaubt, wenn man währenddessen betrunken ist.

In Relation zum Körper ist die Zunge der stärkste Muskel des Menschen.

Im Amerikanischen Bürgerkrieg siegten die Nordstaaten unter anderem deshalb, weil ihre Soldaten schneller und weiter marschieren konnten. Sie besaßen nämlich bereits unterschiedliche Schuhe für rechts und links, die sich erst im Laufe des 19. Jahrhunderts durchsetzten.

Ein Verkehrszeichen in Deutschland kostet inklusive Montage 150 Euro.

In München leben etwa 40.000 Stadttauben. Sie produzieren jährlich 480 Tonnen Kot.

Der Name »Manhattan« stammt aus einer Indianersprache und bedeutet »Land der vielen Hügel«.

Erdnüsse sind Hülsenfrüchte. Erdbeeren sind Nüsse.

In der Schweiz gibt es eine Firma, die Geschirrspüler mit Käsefondue-/Racletteprogramm herstellt.

Kamele können über ihre Nasenschleimhäute Wasserdampf aus der Luft aufnehmen.

Für die Familie Simpson verwendete Matt Groening einfach die Namen seiner eigenen Familienmitglieder: sein Vater heißt Homer, seine Mutter Margaret, seine Schwestern Lisa und Maggie und sein Großvater Abraham. Der Nachname des Polizeichefs Wiggum ist der Mädchenname seiner Mutter.

Löcherkraken wehren ihre Feinde mit ausgerissenen Tentakeln der giftigen Portugiesischen Galeere ab.

Eine Studie ergab, dass sich Probanden gehetzter verhielten, wenn sie zuvor das Logo einer Fastfoodkette wahrgenommen hatten.

Menschen und Bananen haben zu 50 Prozent die gleichen Gene.

Die Schwarze Witwe beißt ihre menschlichen Opfer besonders oft auf dem Klo.

Eine französische Kleinstadt verbot ihren Bewohnern per Gesetz das Sterben vor der Reservierung einer Grabstätte.

Rudolf Steiner glaubte, dass der Genuss von Kartoffeln die Europäer dumm mache.

Werden Schimmelpilze mit blauem Licht mit einer Wellenlänge von 450 Nanometern bestrahlt, hören sie auf zu wachsen und Gift zu produzieren.

Der 25. Oktober ist offizieller Weltnudeltag.

In Deutschland ist es erlaubt, nackt Auto zu fahren. Steigt man allerdings nackt aus dem Auto, wird ein Bußgeld von 40 Euro fällig.

Nach der Geburt seines Sohnes Sean blieb John Lennon zu Hause, um sich um das Kind zu kümmern, während seine Frau Yoko Ono die Geschäfte der Familie übernahm.

Das Botulinumtoxin – kurz Botox – ist das stärkste in der Natur vorkommende Gift. Es wird von Bakterien produziert.

Unter dem Namen »BoKlok« verkauft Ikea Fertighäuser. In Deutschland wurde der Vertrieb 2012 eingestellt – in zwei Jahren hatte man nur acht Häuser verkauft.

In England gilt es als Landesverrat, Briefmarken mit dem Konterfei der Queen falsch herum auf einen Brief zu kleben.

Vornamen, die in Deutschland nicht erlaubt wurden: Rumpelstilzchen, Verleihnix, Atomfried.

Vornamen, die in Deutschland erlaubt wurden: Champagna, Laser, Pepsi-Carola.

In Deutschland sterben jedes Jahr etwa 500.000 Wildtiere durch Mähmaschinen.

Wir möchten euch eine kleine Geschichte erzählen. Eine Geschichte, die nichts mit unserem Leben oder unseren Erfahrungen zu tun hat. Nein, eine Geschichte, die absolut keinen Sinn hat und irgendwie aus unseren Köpfen herausgepurzelt ist. Also lehnt euch zurück, nehmt einen dicken Schluck eures Schwarztees und genießt diese Krone der Lyrik.

Tief in den Wäldern gab es ein Eichhörnchen. Ein Eichhörnchen, das nicht war wie die anderen Eichhörnchen. In der Gesellschaft der kuscheligen Nager war das Sammeln von Nüssen und der Aufbau einer Familie das A und O. Unser Eichhörnchen sah das anders. Es hatte seinen eigenen Kopf. Es war ein Außenseiter auf ganzer Linie, könnte man sagen. Es mag natürlich fiktiv und unglaubwürdig klingen, aber unser kleiner Freund hatte sogar eine Abneigung gegen Nüsse. Fast verständlich, dass die anderen Nager es nicht verstehen konnten und es langsam ausgrenzten. Unser Eichhörnchen beschäftigte sich dennoch fromm mit anderen Dingen. Es hatte eine Vorliebe für das Malen. Der bauschige Schweif war wie dafür geschaffen! Viele kunterbunte Kritzeleien schmückten seine kleine, süße Baumhöhle. Natürlich war das Leben am Rande der Gruppe nicht leicht, aber das Eichhörnchen empfand solch einen Spaß, solch eine Leidenschaft beim Schaffen seiner Bilder, dass es das Leben als Außenseiter in Kauf nahm. Und anders sollte es auch beim Menschen nicht sein. Individualität ist, wenn sie nicht erzwungen wird, das Schönste auf diesem Planeten. Denn der, der das tut, was er tun will, geht darin auf, während der, der das tut, was andere tun wollen, langsam untergeht und sich selbst verliert.

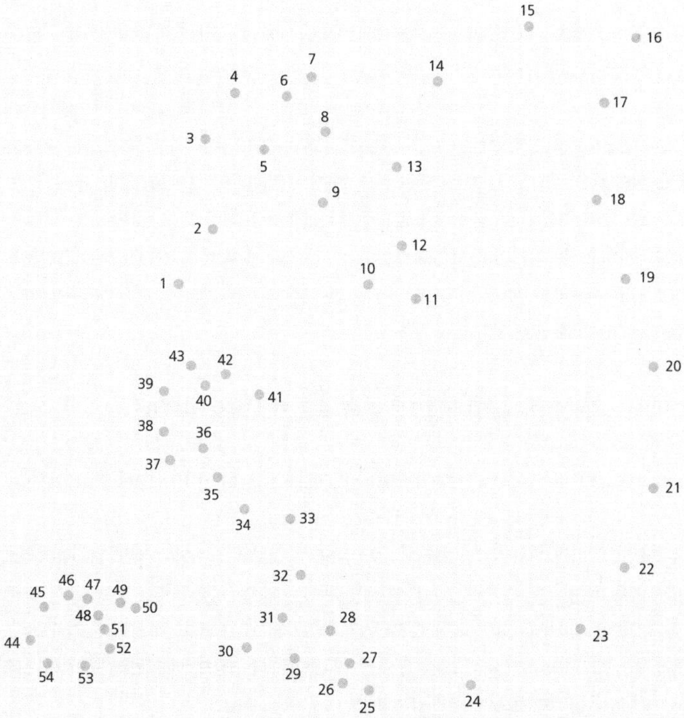
1
2
3
4
5
6
7
8
9
10
11
12
13
14
15
16
17
18
19
20
21
22
23
24
25
26
27
28
29
30
31
32
33
34
35
36
37
38
39
40
41
42
43
44
45
46
47
48
49
50
51
52
53
54

Eine Google-Suchanfrage saust im Schnitt 2.500 Kilometer zu einem Rechenzentrum und mit der Antwort wieder zurück, und das in 0,2 Sekunden.

16 bis 20 aller täglich eingegebenen Suchbegriffe wurden noch nie zuvor gegoogelt.

Tiger haben nicht nur gestreiftes Fell, sondern auch gestreifte Haut.

Das chinesische Twitter-Pendant hat etwa 25 Millionen Nutzer mehr als das Original.

Die meisten Elefanten wiegen weniger als die Zunge eines Blauwals.

Der gelbe Pfeil im Amazon-Logo soll darauf hinweisen, dass der Onlineversand alles von A bis Z verkauft. Deshalb verbindet er das A mit dem Z.

Eine Libelle lebt nur 24 Stunden lang.

Die erste elektrisch betriebene U-Bahn hatte keine Fenster.

Ameisen schlafen nicht. Nie. Sie stellen quasi das Gegenteil von uns dar.

Die Buchregalserien bei Ikea sind nach Berufen benannt, die Regalsysteme tragen männliche Vornamen.

Auf der Erde leben etwa genauso viele Hühner wie Menschen.

95 Prozent der Babys lutschen lieber am rechten als am linken Daumen. Zehn bis 15 Prozent der Weltbevölkerung sind Linkshänder.

Das Blut eines Hummers ist blau.

Die Menge Pfefferminz, die Wrigley im Laufe eines Jahres in seinen Kaugummis mit Minzgeschmack verarbeitet, entspricht einem Pfefferminzfeld in einer Größe von 140 Quadratkilometern.

Eine kopflose Kakerlake kann bis zu einer Woche lang überleben.

Sandburgen kann man am besten bauen, wenn der Sand einen Wasseranteil von ein bis zehn Prozent hat.

Die Wartezeit für ein Studioticket für *Wer wird Millionär?* mit Günther Jauch beträgt inzwischen 3,5 Jahre.

Entenquaken erzeugt kein Echo. Warum, das weiß niemand.

Die Hoden des Südkapers, einer Walart, wiegen jeweils bis zu 500 Kilo. Pro Samenerguss verspritzt der Bulle etwa 20 Liter Sperma. Das ist die größte Ejakulation der Tierwelt.

Der Fuß, den Neil Armstrong zuerst auf den Mond setzte, war der linke.

Auf dem Oktoberfest des Jahres 1896 arbeitete Albert Einstein als Hilfsarbeiter beim Aufbau in einem Festzelt mit.

Zwei Drittel der Menschen auf der Welt haben noch nie Schnee gesehen.

Es ist möglich, Teile der Leber bei lebendigem Leib zu spenden.

»Kaventsmann« ist eigentlich ein Ausdruck aus der Seemannssprache, der eine Monsterwelle bezeichnet. Sie ist mindestens doppelt so hoch wie ihre Umgebungswellen, deutlich schneller und verläuft in einer anderen Richtung.

Wenn die gesamte weltweite Niederschlagsmenge eines Jahres auf einmal auf Deutschland herabregnen würde, stünde es 1,4 Kilometer tief unter Wasser.

90 Prozent des weltweiten Regens gehen über den Meeren nieder.

Die Chancen für ein Spermium, die Eizelle zu befruchten, stehen eins zu 500 Millionen.

Die Luftpolsterfolie wurde zufällig erfunden, eigentlich wollten die Entwickler eine Kunststoff-Tapete herstellen.

Die Inspiration für Micky Maus war eine echte Maus, die Walt Disney als Haustier adoptiert hatte.

Der magnetische Nordpol wandert pro Jahr etwa 40 Kilometer Richtung Nordwesten.

Die liberische Hauptstadt Monrovia wurde nach James Monroe benannt, dem fünften Präsidenten der USA.

Ein Specht kann seinen Schnabel bis zu 20-mal pro Sekunde in einen Baum hacken.

16 der 20 Städte mit der schlechtesten Luftqualität weltweit liegen in China.

Vergiftete Ameisen fallen immer zur rechten Seite um.

Zombies ernähren sich erst seit dem Film *The Return of the Living Dead* aus dem Jahr 1985 von menschlichen Gehirnen.

In der Arktis lebt ein Instant-Tier: Der Onychiurus arcticus schützt sich vor der extremen Kälte des arktischen Winters, indem er den Wasseranteil seines Körpers auf fast null Prozent reduziert. Im Frühling nimmt er wieder Wasser auf und macht weiter.

Ein Mann gibt im Laufe seines Lebens etwa 44 Liter Sperma von sich.

Thomas Gottschalk und Haribo halten den Rekord für die längste Werbepartnerschaft der Welt – und das schon seit fast zehn Jahren.

Glaubt ihr, dass ihr euren Körper gut kennt? Wir denken nicht, oder würdet ihr eine Rektalmassage in Erwägung ziehen, wenn ihr Schluckauf habt?

Weiße Flecken auf den Fingernägeln haben nichts mit Nährstoffmangel zu tun. Sie sind die Folge kleiner Verletzungen, durch die sich Lufteinschlüsse und Hohlräume in den Hornschichten bilden.

Schluckauf tritt besonders häufig bei Ungeborenen auf.

Gegen lang anhaltenden Schluckauf hilft eine Rektalmassage.

Kaugummi zu schlucken schadet der Verdauung nicht. Im Körper legt sich ein Feuchtigkeitsfilm um den Kaugummi, der ein Verkleben des Verdauungstrakts verhindert.

Alkohol durch einen Strohhalm zu trinken macht an sich nicht schneller betrunken. Meistens erhöht es aber die Trinkgeschwindigkeit, wodurch der Eindruck entsteht, der Alkohol hätte einen stärkeren Effekt.

Ein Schnaps nach dem Essen wirkt nicht verdauungsfördernd, im Gegenteil. Er verlangsamt die Verdauung.

Eine unbehandelte Dauererektion kann die Schwellkörper schädigen und damit zu Impotenz führen.

Nur jede dritte Frau hat einen G-Punkt. Und nicht jede dieser Frauen empfindet seine Stimulation als erregend.

Barbies voller Name lautet Barbara Millicent Roberts.

Der französische Schriftsteller Honoré de Balzac war extrem kaffeesüchtig. Er soll bis zu 50 Tassen täglich getrunken haben.

Das längste deutsche Wort, in dem kein Buchstabe zweimal vorkommt, ist »Heizölrückstoßabdämpfung«.

Schon im 19. Jahrhundert wurden kleine Fehler in mechanischen und elektrischen Teilen als »Bug« bezeichnet.

Der häufigste Vorname der Welt ist Mohammed.

Der häufigste Nachname der Welt ist Chang.

Weniger als ein Prozent der Weltbevölkerung heißt Mohammed Chang.

Im Ruhezustand atmet der Mensch hauptsächlich durch ein Nasenloch, etwa alle 15 Minuten erfolgt ein Wechsel. Dies dient der Regeneration der Schleimhäute.

Brasilien nimmt 47,3 Prozent der Fläche Südamerikas ein.

In Google Maps und Google Earth gab es eine Zeitlang den fiktiven Ort Argleton in England.

Das Weihnachtslied *O du fröhliche* war eigentlich als Feiertagslied für die drei Hauptfeste Weihnachten, Ostern und Pfingsten gedacht gewesen. Bekannt wurde es aber erst nach einer Umdichtung zum Weihnachtslied.

Das deutsche Wort mit den meisten aufeinanderfolgenden Konsonanten ist »Angstschweiß«.

Das Loch im Buchstaben O heißt Punze.

Der Name der Suchmaschine Google leitet sich von »Googol« ab, der englischsprachigen Bezeichnung für die Zahl 10^{100}.

Das Lied *Happy Birthday to You* ist noch mindestens bis zum 31. Dezember 2016 urheberrechtlich geschützt.

Das Gehirn eines erwachsenen Menschen macht etwa zwei Prozent der Körpermasse aus, verbraucht aber 20 Prozent des Energiegrundumsatzes.

Die farbigen Streifen der Zahnpasta haben keinerlei Effekt auf die Reinigung der Zähne.

Die Domain gmail.com gehörte vor dem Erwerb durch Google dem E-Mail-Service Garfield-Mail von garfield.com. Es war ein E-Mail-Service für die Fans des Katers.

Ein Quantum Trost ist der erste James-Bond-Film, in dem James Bond betrunken zu sehen ist.

Camp David, die Erholungsanlage für amtierende US-Präsidenten, wurde nach dem Enkel Dwight D. Eisenhowers benannt.

In den späten 1990ern war der Microsoft Internet Explorer der Standardbrowser für Mac OS.

Alan Rickman alias Professor Snape erhielt vor den Dreharbeiten zum ersten Harry-Potter-Film *Harry Potter und der Stein der Weisen* von J. K. Rowling persönlich wesentliche Informationen über Snapes Hintergrundgeschichte, die dem Publikum erst im letzten Buch der Serie enthüllt wurden.

Die genaue Anzahl der Dellen auf einem Golfball ist nicht festgelegt. Es sind etwa 300 bis 450.

Eine Milliarde Sekunden sind etwa 31,7 Jahre.

Das Nokia 1100 ist das beliebteste Mobiltelefon der Welt – seit der Markteinführung im Jahr 2003 wurden weltweit mehr als eine Milliarde Exemplare verkauft.

Die ersten Disketten waren etwa 20 Zentimeter lang und hatten eine Speicherkapazität von 180 Kilobyte.

Prosopagnosie bezeichnet die Unfähigkeit, eine bekannte Person anhand ihres Gesichts zu erkennen.

Der Vatikan hat noch keinen offiziellen Schutzheiligen des Internets verkündet.

Die 38. Folge der ersten Staffel der Anime-Serie *Pokémon* brachte Hunderte japanischer Kinder ins Krankenhaus. Schuld war eine Szene mit sekundenlangem schnellen Flackern, das die Explosion zweier Raketen darstellen sollte.

Der Grünen-Politiker Jürgen Trittin besitzt keinen Führerschein.

Die Telekom Austria fügt als Plagiatsfalle in jedem Vorwahlbereich eine nicht existierende Telefonnummer ins Telefonbuch ein.

Kolumbien ist das einzige Land außerhalb Afrikas, in dem Nilpferde leben. Es sind ausgewilderte Tiere aus dem Privatzoo von Pablo Escobar und ihre Nachkommen.

In Microsoft Word 97 war ein Flipper-Spiel als Easter Egg versteckt.

Das Land mit der weltweit höchsten Internet-Verbindungsgeschwindigkeit ist Südkorea.

Antike Glasmurmeln enthalten Uranoxid. Sie leuchten daher im Schwarzlicht typisch radioaktiv grünlich.

Der weltbekannte Regisseur Quentin Tarantino ist ein Fußfetischist und spielt damit auch gern in seinen Filmen.

Facebook-Fakten

Facebook, das wohl bekannteste soziale Netzwerk mit all seinen Nutzern und Kritikern, gibt uns natürlich auch genug Material für ein paar verrückte Fakten.

Wäre Facebook ein Land, wäre es nach China und Indien das bevölkerungsreichste der Erde.

Insgesamt gibt es auf Facebook 125 Milliarden Freundschaften.

Täglich werden mehr als 300 Millionen Fotos auf die Profilseiten hochgeladen.

Der Like-Button bei Facebook sollte ursprünglich »Awesome-Button« heißen.

Facebook hat etwa 1,3 Milliarden aktive Nutzer weltweit. 2,8 Milliarden Menschen nutzen das Internet. Das bedeutet, dass fast die Hälfte aller Internetnutzer weltweit auch Facebook nutzen.

Eine 114-jährige Frau aus Minnesota musste sich auf Facebook verjüngen, weil ihr Geburtsjahr nicht zur Auswahl stand.

Facebook gibt es mittlerweile in mehr als 70 Sprachen.

In 20 Staaten besitzt Facebook Niederlassungen oder Daten-banken.

TADDL & ARDY
Unterhalter

Chronik | Info

Die Räder des Mars-Rovers Curiosity hinterlassen eine subtile Botschaft im Sand: Es ist der Morsecode für »JPL«, das Kürzel des Wissenschaftslabors, das Satelliten und Raumsonden für die NASA baut.

Die Notizbücher von Marie Curie sind noch immer so verstrahlt, dass es besonderer Sicherheitsvorkehrungen bedarf, wenn man sie lesen will.

Die ersten Teebeutel aus Seide waren eigentlich als leichte Verpackung zum Versand von Teeproben gedacht. Die Kunden versenkten sie jedoch mitsamt Inhalt im heißen Wasser.

Die ersten Trinkhalme der Menschheitsgeschichte wurden von den Sumerern zum Biertrinken verwendet.

Bis in die 1960er Jahre hinein war es in der Sowjetunion weit verbreitet, Raubkopien verbotener westlicher Musik auf alte Röntgenbilder aufzunehmen.

Pepsi-Cola ist nach dem Enzym Pepsin benannt, das eine Rolle bei der Verdauung von Proteinen spielt.

Durchschnittlich jedes achte Lebensmittel, das wir kaufen, werfen wir weg.

Es gibt eine Frau in Großbritannien, die sich selbst geheiratet hat.

Unter bestimmten Bedingungen gefriert heißes Wasser schneller als kaltes – das nennt man den Mpemba-Effekt.

Der katholische Gelehrte Leone Allacci vertrat die These, dass die Vorhaut Jesu nach dessen Beschneidung in den Himmel aufgefahren und zu einem der Saturnringe geworden sei.

Phillumenie ist das Sammeln von Streichholzschachteln.

Der deutsche Astronaut Alexander Gerst sagt, dass der Weltraum riecht wie eine technische Walnuss.

Der Lake Hillier auf einer kleinen australischen Insel ist pink – warum, weiß man nicht genau.

Eine New Yorker Bar kürt jährlich den kleinsten Penis von Brooklyn. Ein Erfolg, mit dem man doch gerne prahlt!

Y ist ein Ort in Frankreich. Er hat 89 Einwohner, den kürzesten Ortsnamen Frankreichs und pflegt eine Städtepartnerschaft mit Llanfairpwllgwyngyllgogerychwyrndrobwllllantysiliogogogoch, dem Ort mit dem längsten Ortsnamen Europas, sowie mit Ee, der Gemeinde mit dem kürzesten Ortsnamen der Niederlande.

Man kann sich nicht selbst kitzeln, weil das Kleinhirn, zuständig für Bewegungsabläufe, das Gefühl berechnen und direkt die Reaktion darauf unterdrücken kann.

¥o-Landi Vi$$er und Ninja, die beiden Vokalisten von »Die Antwoord«, gaben ihrem Kind den Namen 16.

Bir Tawil zwischen Ägypten und dem Sudan sowie das Marie-Byrd-Land in der Antarktis sind die einzigen Landgebiete auf der Erde, die von keinem Staat beansprucht werden.

Forscher fanden heraus, dass Fluchen die Schmerztoleranz erhöht. Wer kräftig flucht, hält also mehr aus.

Das Gehirn erzeugt ausreichend Strom, um eine 25-Watt-Birne zum Leuchten zu bringen.

Niederländische Forscher schickten Asthmatikerinnen auf eine Achterbahnfahrt und fanden heraus, dass die Frauen nach dem Trip weniger unter Asthmasymptomen litten. Wahrscheinlich hatte die Aufregung während der Fahrt aber nur ihre Wahrnehmung der Symptome positiv beeinflusst.

Krähen können Menschen voneinander unterscheiden und positive oder negative Einstellungen ihnen gegenüber entwickeln.

Ein indischer Arzt hat eine Methode entwickelt, mit der man eine eingeklemmte Vorhaut unverletzt aus dem Reißverschluss im Hosenstall befreien kann.

Streicht man die Wohnung in warmen Farben, schätzt man die Raumtemperatur um zwei bis drei Grad höher ein, als sie tatsächlich ist.

In Brasilien gibt es zehn Gemeinden mit Deutsch als zweiter Amtssprache.

Handy-Weitwurf ist eine anerkannte sportliche Disziplin mit einer jährlichen Weltmeisterschaft.

In Finnland gibt es offizielle Weltmeisterschaften im Ehefrauen-Tragen und im Luftgitarre-Spielen.

Pinguine sind an den Füßen besonders kitzelig. Die Männchen sind empfindlicher als die Weibchen.

Je enger Männer an Urinalen beieinanderstehen, desto länger brauchen sie im Schnitt zum Pinkeln.

Eine belgisch-schottische Studie hat ergeben, dass Frauen, die häufig vaginale Orgasmen haben, beim Gehen größere, kraftvollere Schritte machen und ihre Hüften stärker schwingen als Frauen, die keine vaginalen Orgasmen haben.

Die östliche Honigbiene hat eine raffinierte Verteidigungsstrategie gegen Hornissen: Die Bienen bilden eine fliegende Kugel um die Hornisse und heizen die Luft in der Kugel durch rasche Flügelbewegungen auf über 45 Grad auf. Der Hornisse ist das zu warm, sie verendet.

Es wird Zeit für eine weitere verrückte Geschichte über unseren Aufenthalt in Los Angeles. Macht euch auf einen durchgeknallten Fahrer, die amerikanische Polizei und ein paar Anekdoten zum Thema Geschlechtsverkehr gefasst.

An einem Tag der Reise haben wir den wahnsinnig großen Freizeitpark »Six Flags« in Kalifornien besucht. Nach unzähligen Achterbahnfahrten, die das komplette Innenleben unserer Körper auf links gedreht hatten, kam dann auch irgendwann die Heimfahrt auf uns zu. Wir hatten keine andere Möglichkeit, als drei Stunden mit dem Taxi zu fahren, da es für eine Bahnfahrt zu spät war und unser Hotel 'ne ganze Ecke weit entfernt war. Und hier wird's eigenartig: Der Taxifahrer, der uns gefahren hat, hatte eine sehr eigene Art, um die lange Fahrt spannender zu gestalten. Er hat fast ununterbrochen über Sex gesprochen. Er erzählte uns, wie viele Kunden er bereits im Taxi beglückt hatte und wie er früher, als er noch jung war, mit seiner Lehrerin geschlafen hatte. Und als ob all diese Geschichten, die sehr, sehr unglaubwürdig klangen, noch nicht genug wären, fuhr er wie ein Affe, der den Führerschein in einer Müslischachtel gewonnen hat. Was passierte also natürlich? Seine fantasievollen Sexstories wurden von einem Polizeiwagen, der uns eine Weile verfolgt hatte, unterbrochen. Der Fahrer schärfte uns ein, dass wir die unwissenden Touristen spielen und ihm das Reden überlassen sollten. Scheinbar war er mit Ausreden ähnlich fantasievoll wie im Ausdenken von privaten Geschichtchen, denn der Officer hat ihm alles abgekauft.

Wir sind zwar noch heil im Hotel angelangt, aber das war auf jeden Fall 'ne Fahrt, die wir nicht so schnell vergessen werden.

Das Nervengift der 24-Stunden-Ameise verursacht den schmerzhaftesten Insektenstich der Welt. Nach 24 Stunden lassen die Schmerzen nach, daher der Name des Tiers.

An einem heißen Tag kann ein Rind bis zu 180 Liter Wasser trinken.

In der US-Version des Videospiels *God of War* wird Hades von dem Sprecher synchronisiert, der auch Mr Krabs aus der Serie *Spongebob* seine Stimme leiht – Clarence J. Brown III. heißt der Mann.

Kühe, die regelmäßig mit ihrem Namen angesprochen werden, produzieren mehr Milch.

Die Idee, die Figur Kenny aus der Zeichentrickserie *South Park* als Running Gag immer wieder sterben zu lassen, hatten die Serienmacher Trey Parker und Matt Stone beim Biertrinken: Es gab Kilkenny.

Scarlett Johansson hat eine ältere Schwester, Vanessa, die ebenfalls Schauspielerin ist.

In Deutschland werden jährlich etwa 300 Millionen Euro für Karnevalskostüme ausgegeben.

Die US-amerikanische Action-Komödie *Mo' Money* aus dem Jahr 1992 wurde tatsächlich mit dem deutschen Untertitel *Meh' Geld* versehen.

Kakao war das Lieblingsgetränk Ludwigs XIV. Er wurde damals allerdings mit Wasser statt Milch zubereitet.

Flugbegleiter leiden wegen des ständigen Aufenthalts in trockener Luft oft unter einem schlechten Geruchssinn.

Eine Brauerei aus Wisconsin liefert neuerdings Bierkästen per Drohne, damit die Eisfischer ihre warmen Hütten auf den zugefrorenen Seen nur kurz verlassen müssen.

Hannover ist die deutsche Stadt, in der am meisten David Hasselhoff über Spotify gehört wird.

Spekulatius wird in den Niederlanden und in Belgien das ganze Jahr über gegessen, ebenso in Indonesien.

Farben beeinflussen das menschliche Geschmacksempfinden erheblich: Rot lässt würzige Speisen schärfer erscheinen, Getränke aus blauen Behältern werden als erfrischender wahrgenommen als solche aus roten.

Man kann nicht gleichzeitig schlucken und atmen.

Laut einer US-Studie macht ein aktives Sexleben vor allem dann besonders glücklich, wenn man das Gefühl hat, mehr Sex zu haben als die Nachbarn.

Nils Olav ist ein Königspinguin, der vom norwegischen König zum Ritter geschlagen wurde.

Die Französin Jeanne Calment hält seit 1990 den Rekord des höchsten erreichten Lebensalters eines Menschen. Sie wurde 122 Jahre und 164 Tage alt.

Die Verfärbung von Laub im Herbst ist auf den Abbau des Chlorophylls zurückzuführen. Die gelben oder roten Stoffe bleiben im Blatt und sind zu sehen, weil sie nicht länger vom grünen Chlorophyll überdeckt werden.

Frauen mit symmetrischen Brüsten bekommen im Durchschnitt mehr Kinder.

Zahlreiche Studien deuten darauf hin, dass heterosexuelle Männer tatsächlich langhaarige Frauen bevorzugen. Die langen Haare werden als Zeichen für Gesundheit gewertet.

The Wolf of Wall Street ist der Spielfilm, in dem am häufigsten das Wort »Fuck« vorkommt, nämlich genau 569-mal.

Das Winken diente ursprünglich dazu, dem Gegenüber die leere rechte Waffenhand zu präsentieren.

An der Universität von Toronto haben Forscher herausgefunden, dass das Gesicht von Jessica Alba genau entsprechend den Durchschnittswerten aller untersuchten Frauengesichter proportioniert ist.

Carglass heißt in Großbritannien Autoglass.

Damit nichts haften bleibt, ist die Kloschüssel der Bordtoilette eines Flugzeugs mit Teflon beschichtet.

Ein Haushuhn kann im Jahr bis zu 300 Eier legen. Stellt euch mal vor, eine Frau würde 300 Kinder im Jahr gebären können …

Manche Arten von Haien erreichen die Geschlechtsreife erst im Alter von 30 Jahren.

In Deutschland dürfen maximal zwei Vornamen mit Bindestrich zu einem verbunden werden.

Die Sonne setzt in einer Sekunde mehr Energie frei als alle vorhandenen Kernkraftwerke der Erde in 750.000 Jahren.

Die Haut an den Beinen der Giraffe sitzt besonders eng, so dass sie wie ein natürlicher Kompressionsstrumpf wirkt.

Eine Studie hat ergeben, dass heterosexuelle Männer mit braunen Augen keine Vorlieben haben, was die Augenfarbe ihrer Partnerin betrifft, Männer mit blauen Augen dagegen bevorzugen blauäugige Frauen.

Willkommen auf den Seiten, die noch unnützere Informationen beinhalten als der Rest des Buchs. Hier geht's nämlich um die Autoren.

Taddl über sich selbst:

Seit wir in Amerika waren, bestell ich auch in Deutschland zu jedem Essen ein Wasser dazu.

Mein bürgerlicher Name lautet Thaddeus Tjarks, und das war ein gefundenes Fressen für meine Mitschüler in der Grundschule.

Die Bedeutungen der Tätowierungen, die meinen Körper zieren, kennt niemand außer meiner Wenigkeit.

Ich habe kein wirkliches Lieblingsessen. Es gibt einfach immer Phasen, in denen ich total in ein Gericht verliebt bin. Momentan sind's Putensteaks mit Brokkoli als Beilage.

Schreiben, Musizieren und Zeichnen würde ich als meine größten Leidenschaften bezeichnen.

Ardy über sich selbst:

Ich höre laute Musik beim Duschen. Manchmal singe ich auch mit.

Manchmal rufe ich Taddl an, obwohl er im Nebenzimmer sitzt, um ihn etwas zu fragen. Ich bin einfach zu faul, um aufzustehen.

An Halloween verkleide ich mich gerne als Hummer.

Handwerklich bin ich so unbegabt, dass ich es nicht einmal schaffe, alleine ein Bild an die Wand zu hängen.

Ich habe unglaubliche Angst vor Wespen. Sobald eines dieser kleinen gemeinen Wesen zu nahe an mich heranfliegt, ergreife ich schnellstmöglich die Flucht.

Das Postorgasmic Illness Syndrom beschreibt eine Reihe von Beschwerden, die bei Männern nach dem Samenerguss auftreten. Als Ursache werden allergische Reaktionen auf die eigene Samenflüssigkeit vermutet.

Als Disziplinarmaßnahme bei kleineren Vergehen mussten Polizisten in Thailand eine Zeitlang eine rosa Hello-Kitty-Armbinde tragen.

Jägermeister war der erste Trikotsponsor in der Geschichte der deutschen Bundesliga. Eintracht Braunschweig musste das Firmenlogo als Vereinswappen übernehmen, um die DFB-Regeln zu umgehen und auf den Trikots werben zu können.

Seit dem 3. Juli 2011 benötigen Heimtiere für Reisen innerhalb der EU einen implantierten Mikrochip und einen Heimtier-Ausweis zur Identifikation.

Das Lied *Alle meine Entchen* hat insgesamt vier Strophen, außer Entchen kommen Täubchen, Hühner und Gänschen vor.

Die 13 ist die Zahl, die im deutschen Lotto am seltensten gezogen wird.

Kellerasseln sind Krebse.

Auf Schwedisch heißt Mutter »mor«, Großmutter »mormor« und Urgroßmutter »gammelmormor«.

Wer glaubt, dass ihm nahestehende Personen durch identisch aussehende Doppelgänger ersetzt worden seien, leidet am Capgras-Syndrom.

In Irland war der Verkauf von Kondomen bis in die frühen 1990er Jahre nur zum medizinischen Gebrauch erlaubt.

Koalas können Fingerabdrücke hinterlassen.

Ein Pangramm ist ein Satz, der alle Buchstaben des Alphabets enthält. Ein Beispiel im Deutschen: »Zwölf Boxkämpfer jagen Viktor quer über den großen Sylter Deich.«

Der Höhenrekord für Düsenflugzeuge im Horizontalflug liegt bei 26.213 Metern.

Die Neuseeländische Gebärdensprache ist in Neuseeland eine der Amtssprachen.

Ehe die AEG für ihre Haartrockner den Markennamen »Foen« übernahm, hießen die Geräte der Firma »Heißluftdusche«.

1981 verspritzte eine Mieterin in ihrem Wohnhaus die Brühe vom Surströmming, einer schwedischen Spezialität aus vergorenem Fisch. Das Landgericht Köln bestätigte ihre fristlose Kündigung, nachdem in der Verhandlung zu Demonstrationszwecken eine Dose Surströmming geöffnet worden war.

Die Oberfläche der Erde misst 510 Millionen Quadratkilometer.

Der Russe Sergei Krikaljow ist der Mensch mit der längsten Aufenthaltsdauer im Weltall, insgesamt 803 Tage. Das entspricht etwa 2,2 Jahren.

Die größte Insel der Erde ist Grönland.

Die bevölkerungsreichste Insel der Erde ist Java, eine der indonesischen Hauptinseln.

Bei der Urinabgabe für einen Dopingtest muss eine Kontrollperson auf die Körperaustrittsöffnung der zu testenden Person schauen, um Manipulationen auszuschließen. Sportler unter 16 Jahren dürfen die Probe ohne Sichtkontrolle abgeben.

Das stärkste Bier der Welt wird in Schottland hergestellt und hat einen Alkoholgehalt von 67,5 Prozent.

Im Libanon darf ein Mann Sex mit einem Tier haben, sofern dieses weiblich ist. Auf Sex mit männlichen Tieren steht die Todesstrafe.

Die erste Fracht, die in Deutschland jemals mit der Eisenbahn transportiert wurde, waren zwei Fässer Bier. Das war 1835.

Die Astronauten auf der ISS haben einen Zwölf-Stunden-Arbeitstag. Samstag ist Putztag.

Die gemeinsamen Jungen eines männlichen Löwen und eines Tigerweibchens nennt man Liger. Die Jungen eines männlichen Tigers und einer Löwin nennt man Töwen.

Das Berufsbild der Stewardess beruht auf einer Idee des Betriebsleiters von United Airlines aus dem Jahr 1930. Er hoffte, weibliche Flugbegleiterinnen hätten eine beruhigende Wirkung auf die Passagiere.

Gibt man bei YouTube »Do The Harlem Shake« in die Suchzeile ein, ertönt die Harlem-Shake-Musik und das YouTube-Logo fängt an zu wackeln. Nach 15 Sekunden wackeln auch die Suchergebnisse, die Navigationsleiste und das Nutzerprofil.

Die Rollen von Anakin Skywalker und Darth Vader wurden in sechs *Star-Wars*-Filmen von insgesamt zehn Personen verkörpert.

Auf den Fotos von Uhrenwerbung ist es meistens zehn nach zehn. Die Form der Zeiger erinnert so an ein Lächeln, und die Uhr wirkt sympathisch.

Das Durchschnittsalter in Deutschland beträgt zurzeit 42,1 Jahre.

In Taiwan gibt es eine Hello-Kitty-Entbindungsklinik.

Mehr als 20 Prozent des weltweiten Sauerstoffs werden im Amazonas-Regenwald erzeugt.

Verrückte Informationen über Schlaf!

Jeder von uns freut sich über 'ne dicke Mütze Schlaf, aber hättet ihr gedacht, dass ihr 195.000 Stunden eures Lebens im Bettchen verbringt?

Der längste Zeitraum, den ein Mensch ohne Schlaf ausgehalten hat, betrug ganze 18 Tage, 21 Stunden und 40 Minuten.

Ein Mensch schläft in seinem Leben durchschnittlich 195.000 Stunden. Unfassbar, wie viel Zeit man dadurch verliert, oder? Stellt euch mal vor, ihr müsstet nicht schlafen!

Eltern verlieren in den ersten zwei Lebensjahren ihres Kindes im Durchschnitt knapp sechs Monate Schlaf.

Mehr als 20 Prozent aller Autounfälle sind auf Schlafmangel zurückzuführen.

Wenn man länger als 18 Stunden schlaflos ist, hat dies einen ähnlichen Effekt auf die Wahrnehmung, als hätte man zwei Flaschen Bier getrunken.

Wenn man mehr als fünf Tage hintereinander zu wenig Schlaf bekommt, verdoppelt sich die Wirkung von Alkohol auf den Körper.

Teenager benötigen genauso viel Schlaf wie Kleinkinder, was etwa zehn Stunden pro Nacht bedeutet.

Der Klebstoff Uhu heißt deshalb so, weil die Benennung von Schreibwarenartikeln nach Vogelarten 1932 im Trend lag. Euch fallen sicher noch mehr Artikelnamen dieser Art ein, oder?

In Albanien gibt es etwa 750.000 Bunker, so viele wie nirgends sonst auf der Welt.

Die Bekleidungshauskette Peek & Cloppenburg gibt es zweimal: Ein Unternehmen hat seinen Firmensitz in Düsseldorf, das andere in Hamburg. Sie sind voneinander unabhängig.

Im antiken Rom gab es eine Art Karneval, bei dem Herren und Sklaven die Rollen tauschten.

Das Kfz-Kennzeichen des Papstes lautet SCV 1.

Den Weltrekord im Über-heiße-Herdplatten-Laufen hält seit 2011 Florian Silbereisen.

Der Firmenname Adidas ist ein Akronym aus dem Spitznamen Adi des Firmengründers Adolf Dassler und den ersten drei Buchstaben seines Nachnamens.

Kinowerbung für neue, unbekannte Produkte wirkt nicht, wenn die Zuschauer Popcorn essen.

Die Dogge Giant George ist der größte Hund der Welt. Er hat eine Schulterhöhe von 1,09 Metern und wiegt 111 Kilo.

Lachen regt dieselben Hirnregionen an wie Kokain.

Für rund 19 Euro kann man auf Amazon eine Dose Einhornfleisch erwerben.

Die Gemeinde Büsingen am Hochrhein ist eine deutsche Exklave. Sie ist vollständig von Schweizer Staatsgebiet umgeben.

Während der Dreharbeiten zur *Harry-Potter*-Serie zerbrach Daniel Radcliffe insgesamt über 80 Zauberstäbe, weil er sie als Trommelstöcke verwendete.

In Gummersbach und Siegen gibt es Filialen sowohl von Aldi-Nord als auch von Aldi-Süd.

Im elektronischen Sport kann man derzeit mit *StarCraft II* und *DOTA 2* das meiste Geld verdienen, die höchsten Gewinne liegen bei über 400.000 Dollar.

Homer Simpsons E-Mail-Adresse lautet chunkylover53@aol.com.

Bei Nasenbluten ist es besonders effektiv, sich Schweinespeckstreifen in die Nase zu stecken, wie Mediziner vom Detroit Medical Center herausfanden.

Ein Raum wird nicht schneller warm, wenn man die Heizung voll aufdreht.

Die Kimjongilia ist eine Blume aus der Gruppe der Knollenbegonien, die nach Nordkoreas verstorbenem Diktator Kim Jong-il benannt ist.

Maggie Smith war mit 76 Jahren die älteste Schauspielerin, die in einem Film eine Kampfszene spielte.

Die Redewendung »Es zieht wie Hechtsuppe« ist auf das hebräische »hech supha« zurückzuführen, was etwa »wie starker Wind« bedeutet.

Neuseeland führte 1893 als erstes Land der Welt das Frauenwahlrecht ein.

Wellensittiche sind ursprünglich in Australien heimisch.

Der linke Lungenflügel des Menschen ist etwas kleiner als der rechte, damit das Herz Platz hat.

Der wissenschaftliche Name des Uhus ist Bubo bubo, was uns persönlich deutlich besser gefällt! Bubo, bubo!

In Münnerstadt in Unterfranken liegt der weltweit einzige Lehrfriedhof für Bestatter.

McArthur Wheeler ist ein Mann, der 1995 zwei Banken in Pittsburgh überfiel. Er hatte sich das Gesicht mit Zitronensaft eingerieben, weil er glaubte, der Saft würde sein Gesicht für die Kameras unsichtbar machen, da man ihn auch als unsichtbare Tinte verwendet.

Die ersten Cheerleader in den USA waren Männer.

Das Verfahren einer Pockenimpfung durch eine Infektion mit geringen Mengen des Virus war schon vor 3.000 Jahren in China bekannt. Man schnupfte zu diesem Zweck zerriebenen Schorf der Pusteln von Infizierten.

Der Bugatti Veyron 16.4 ist aktuell der schnellste Serienwagen der Welt. Er hat 1.200 PS und erreicht eine Höchstgeschwindigkeit von 431 Stundenkilometern. Wir besitzen natürlich beide je drei dieser Wagen in verschiedenen Farben.

Der Handschlag zur Begrüßung eines Arztes, bei dem man sich in Behandlung begibt, ist typisch deutsch. In vielen westlichen Kulturen ist diese Geste nicht üblich.

»Westward Ho!« in England und »Saint-Louis-du-Ha! Ha!« in Kanada sind die einzigen Orte auf der Welt, deren Namen in der offiziellen amtlichen Schreibweise ein Ausrufezeichen beinhalten.

Huch, eine grüne Seite? Mittlerweile solltet ihr wissen, was nun passiert. Richtig, hier ist ein blödes Geschichtchen abgedruckt! Und dieses Mal müssen wir für die Erzählung nicht einmal Deutschland verlassen, denn jetzt geht's nach Köln. Einst überkam uns die Lust, in einem dicken Kino ein Filmchen anzuschauen. Zu unserem Glück gibt es 'ne Menge dicke Kinos in unserer Stadt. Welchen Film wir letztendlich gesehen haben, wissen wir nicht mehr so genau, aber das ist auch kein elementarer Bestandteil der Geschichte, denn eigentlich dreht es sich um Taddls Gang zur Toilette, den er am besten aus seiner Sicht erzählt.

Ihr habt richtig gelesen: Das hier ist 'ne Toilettenstory. Wie es nun einmal so ist, drückte meine Blase und zwang mich dazu, ein Urinal aufzusuchen. Es war spät, und alle Zuschauer hatten sich in ihrem Kinosaal eingefunden, weswegen die riesigen Hallen und Vorräume alle leer waren. Ich hab mir nichts dabei gedacht und bin einfach zur Toilette gestolpert. Während ich nun also dort stand und meinen Tank leerte, konnte ich auf einmal ein unangenehmes Atmen und Krächzen aus einer der anderen Kabinen vernehmen. Im Zusammenspiel mit den gedimmten Deckenlampen und den tristen Wandfliesen wirkte das Ganze schon ein wenig beängstigend. Trotzdem schoss mir vorerst der Gedanke in den Kopf, dass dort jemand sitzt, dem es gar nicht gutgeht. Bevor ich jedoch meine Hilfe anbieten konnte, fauchte eine Stimme aus ebendieser Kabine: *»Komm her, ich will dich fressen.«* Nennt mich einen Feigling, aber ich habe diesen Raum sofort verlassen. Was genau dort nun passiert ist, weiß ich bis heute nicht. Wahnsinn, oder? Geschichten ohne wirkliche Pointe sind unsere Stärke.

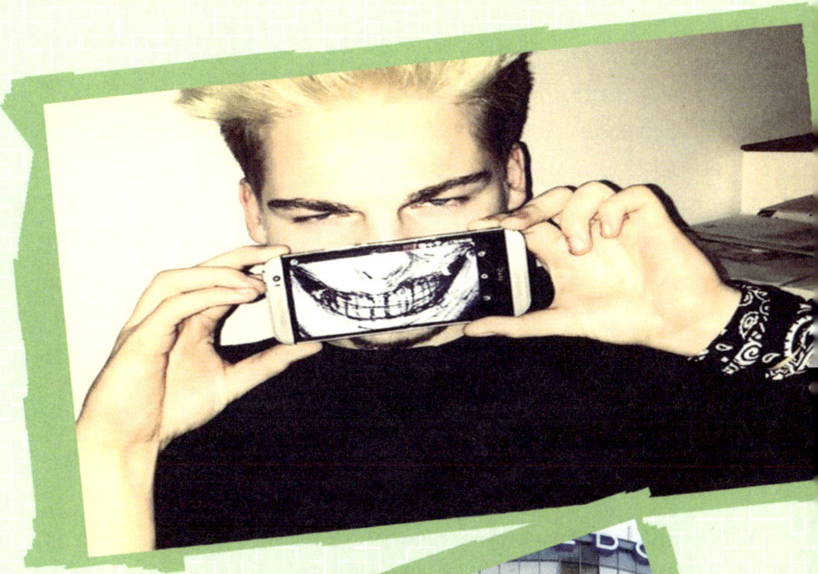

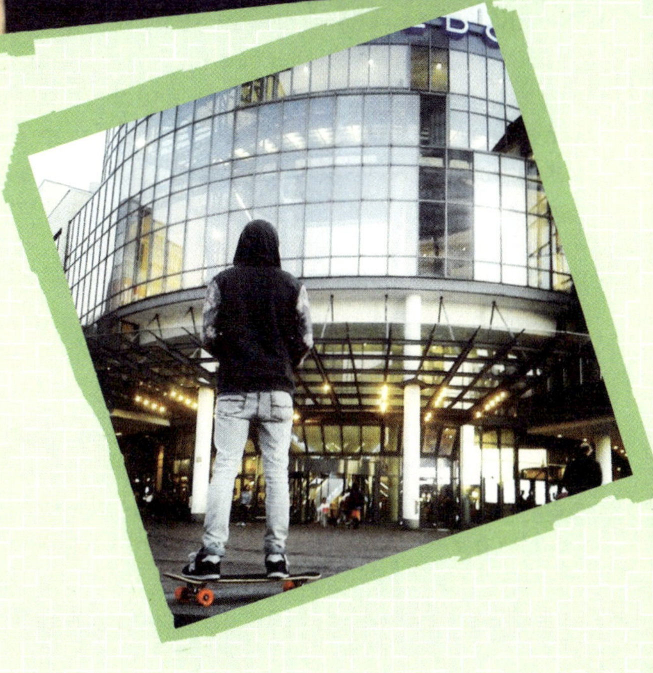

Mit einer Laufgeschwindigkeit von 5,4 Stundenkilometern gilt die Gemeine Küchenschabe als das schnellste krabbelnde Insekt.

2005 gab es eine arabische Version der *Simpsons*, in der Homer alias Omar Shamshoon Limo statt Duff-Bier trank und kein Schweinefleisch aß.

Von Petting nach Fucking sind es rund 35 Kilometer.

Der Roe River in Montana ist mit 61 Metern Länge der kürzeste Fluss der Welt.

Unter Kryptomnesie versteht man das Phänomen, dass vergessene Ideen plötzlich wieder im Bewusstsein auftauchen.

Auf einem West-Berliner Personalausweis war bis 1990 kein Bundesadler abgedruckt, und es fehlte die Angabe über den ausstellenden Staat. Die Gründe hierfür waren der Viermächtestatus Berlins und Vorbehalte der alliierten Schutzmächte.

Der Fakt über die bevölkerungsreichste Insel namens Java ist sowohl auf Seite 40 als auch auf Seite 90 dieses Buches zu finden. Ist's euch aufgefallen?

Kaiser Wilhelm II. hatte einen gelähmten linken Arm. Auf Fotos oder Gemälden ist der Arm daher oft im Uniformärmel versteckt oder er ruht auf Säbeln, Schwertern oder anderen Gegenständen.

Ein Maiskolben hat immer eine gerade Anzahl an Körnern in einer Reihe. Zählt nach!

Es ist unmöglich, länger als drei Sekunden »mmh« zu sagen, während man sich die Nase zuhält. Wir haben's ausprobiert.

Elche fressen gern Wasserpflanzen. Sie sind die einzigen Hirsche, die auch unter Wasser äsen können, und tauchen dafür bis zu fünf Meter tief.

Schneeglöckchen erzeugen Wärme und bringen den Schnee um sich herum zum Schmelzen, damit sie wachsen können.

Ein Kronkorken hat in den USA 23 Zähne, in Deutschland 21.

Der fachsprachliche Ausdruck für in der Nase angetrocknete Popel ist »Borke«. Klingt aber auch nicht viel besser.

1955 beschloss der DFB ein offizielles Verbot des Frauenfußballs. Die Begründung war unter anderem, dass »im Kampf um den Ball die weibliche Anmut« verschwinde. Das Verbot wurde 1970 aufgehoben.

Eisbären haben schwarze Haut.

In den Niederlanden wurde 2014 der erste Solar-Radweg eröffnet. Unter einer dicken Glasscheibe liegen Solarzellen auf dem Beton. Mit der gewonnenen Energie sollen in Zukunft Verkehrseinrichtungen wie Ampeln und Verkehrsleitsysteme betrieben werden.

Es gibt zwei reale Dörfer mit Namen Posemuckel. Sie liegen in Polen.

Das Außenministerium abonniert Zeitungen und Zeitschriften im Wert von über 150.000 Euro jährlich.

Der erste Sexshop der Welt wurde 1962 in Flensburg von Beate Uhse eröffnet. Sie nannte ihn »Fachgeschäft für Ehehygiene«.

Die Erfindung der Seide ist mehr als 5.000 Jahre alt.

Der Reifenhersteller Goodyear hat ursprünglich Kondome gefertigt.

Im Englischen heißt Max Mustermann unter anderem Joe Bloggs oder John Doe, Erika Mustermann entspricht Jane Doe oder Jane Public.

Der Google-Konzern verbraucht pro Jahr etwa so viel Strom wie eine Stadt mit 200.000 Einwohnern.

Der Deutsche Thomas Vogel hält den Weltrekord im Öffnen von BHs mit einer Hand: Er schafft 56 in einer Minute.

Mark Wahlberg holte 2013 im Alter von 42 Jahren seinen Highschool-Abschluss nach.

Bei der Filmaufnahme von John F. Kennedys berühmter »Ich bin ein Berliner«-Rede 1963 in Berlin war Peter Lustig für den Ton verantwortlich.

Bei Ikea gibt es eine WC-Bürste namens »Viren«.

Porno ist ein Wohnplatz im nigerianischen Bundesstaat Borno.

Am Bau des Taj Mahal waren über 20.000 Handwerker und 1.000 Elefanten beteiligt.

Papst Johannes Paul II. war Ehrenmitglied der Basketball-Showtruppe Harlem Globetrotters, des FC Barcelona sowie von Schalke 04 und Borussia Dortmund.

»HJ« ist in der Sexarbeit die offizielle Abkürzung für einen Handjob. Ihr dürft raten, wofür »BJ« wohl steht!

Abgefahrene Pokédex-Einträge

Pokémon, ein Serien- und Gamefranchise, an dem man gar nicht vorbeikommen kann. Seit wir kleine Buben waren, fanden wir es cool, und das ist heute nicht anders. Natürlich muss so 'ne Seite in unser Buch!

Alpollo #039
»Wenn Alpollo dich zu sich lockt, während es durch die Dunkelheit schwebt, darfst du ihm nicht zu nahe kommen. Es wird an dir lecken und deine Seele stehlen.«

Banette #345
»Eine Puppe, die zum Pokémon wurde, aufgrund des Grolles darauf, dass sie weggeworfen wurde. Es sucht das Kind, das es weggeworfen hat.«

Hypno #097
»Es trägt ein Pendel. Man berichtet von einem Vorfall, bei dem es ein Kind mitnahm, das es vorher hypnotisierte.«

Driftlon #425
»Es zieht Kinder an den Händen, um sie mitzunehmen.«

Parasek #047
»Der Pilz auf seinem Rücken entzieht dem Wirts-Pokémon Energie. Er hat die Kontrolle über das Pokémon.«

Die Samen der Paternostererbse sind wegen ihrer regelmäßigen rot-schwarzen Färbung als natürliche Perlen für Schmuckstücke beliebt, obwohl sie das giftigste aller pflanzlichen Toxine enthalten. Das Gift einer Erbse kann einen erwachsenen Menschen töten.

Im Stamm eines Guavenbaums im ecuadorianischen Regenwald wächst ein Pilz, der Plastik zersetzen kann.

Niederländische Investoren bauen bei Osnabrück einen Freizeitpark, in dem man für 200 Euro eine halbe Stunde in einem russischen Schützenpanzer fahren kann. Man benötigt dafür einen Führerschein der Klasse B.

Windkraftanlagen haben immer drei Rotorblätter. Mit vieren wäre die Energieausbeute höher. Da die Rotorblätter aber sehr teuer sind, baut man nur drei an.

Zahnschmelz ist die härteste Substanz des menschlichen Körpers.

1974 bekam die deutsche Nationalelf pro Spieler umgerechnet 35.000 Euro und einen VW-Käfer als Prämie für den WM-Sieg.

Als 1989 die deutsche Frauenfußball-Nationalmannschaft erstmals die Europameisterschaft gewann, bekamen die Spielerinnen als Prämie vom DFB ein Kaffeeservice und ein Bügelbrett überreicht. Ziemlich uncool, wenn ihr uns fragt!

Von allen Staaten der Erde hat Kanada die längste Küste.

Die kleinen fühlbaren Erhebungen auf Tastaturen, die die Orientierung beim Zehnfingersystem erleichtern sollen, nennt man Fühlwarzen.

An der Hochschule Merseburg gibt es den Studiengang Angewandte Sexualwissenschaft.

Seit 1969 ist Sex mit Tieren in Deutschland legal.

Seit dem Jahr 2000 fordert John Lennons Witwe Yoko Ono die Bewährungskommission im Staat New York alle zwei Jahre auf, John Lennons Mörder nicht aus der Haft zu entlassen. 2014 wurde das achte Bewährungsgesuch des Mannes abgelehnt.

Jakob Maria Mierscheid ist ein fiktiver Politiker und seit 1979 Mitglied des Deutschen Bundestages.

1956 war das letzte Jahr, in dem mehr Passagiere den Atlantik mit dem Schiff als mit dem Flugzeug überquerten.

Croissants kommen ursprünglich nicht aus Frankreich, sondern aus Österreich.

Das Brustwarzenpiercing mit Ringen war schon im 19. Jahrhundert bei Frauen eine Zeitlang Mode.

US-Präsident Lincoln hatte einen Sekretär namens Kennedy, John F. Kennedy hatte einen Sekretär mit dem Namen Lincoln.

Im 18. Jahrhundert waren falsche Augenbrauen aus Mäusefell bei reichen Leuten angesagt.

Etwa zehn Prozent der Europäer sind immun gegen HIV.

In Kalifornien gibt es eine Schlucht namens Sauerkraut Gulch.

Der Zigarettenanzünder wurde vor den Streichhölzern erfunden.

Kleenex-Tücher wurden im Ersten Weltkrieg als Filter für Gasmasken entwickelt.

Ein Mensch blinzelt 25.000-mal am Tag.

Bei *Pac-Man* liegt die maximal zu erreichende Punktzahl bei 3.333.360 Punkten nach 255 Leveln, da Level 256 technisch nicht lösbar ist.

Am Anfang des Postwesens zahlten die Empfänger das Porto.

Rhabarber ist in Südchina heimisch. Im Mittelalter wurde er als teures Medikament gegen Verstopfung nach Europa exportiert.

Männlein & Weiblein

Auch zu den wunderbaren menschlichen Geschlechtern gibt's ein paar unnütze und trotzdem interessante Fakten!

High Heels waren ursprünglich ein Kleidungsstück, das für Männer entworfen wurde. Frauen fingen an, diese zu tragen, um maskuliner zu wirken.

Die meisten der 20 reichsten Frauen der Welt sind entweder durch den Ehemann oder durch den Vater an das Geld gekommen, das sie besitzen.

In Russland leben circa neun Millionen mehr Frauen als Männer.

Männer verdienen durchschnittlich 23 Prozent mehr als Frauen in derselben Position. Uncool.

Frauenherzen schlagen tatsächlich schneller als Männerherzen.

Es gibt Frauen, die allergisch auf Sperma reagieren. Das ist natürlich 'ne unschöne Geschichte.

Männer haben durchschnittlich elf Erektionen am Tag.

Zu Beginn des Ersten Weltkriegs bestand die US-Luftwaffe aus 50 Soldaten.

In Uruguay sind Duelle legal, sofern beide Gegner Blutspender sind.

Die große Cheops-Pyramide ist so groß, dass die Kathedralen von Florenz, London, Mailand und Rom hineinpassen.

Ludwig XIV. badete in seinem Leben drei Mal.

In Großbritannien wurden im 19. Jahrhundert erfolglose Selbstmörder gehenkt.

Nancy Reagan lernte Ronald Reagan kennen, als sie ihn bat, ihr dabei zu helfen, ihren Namen von einer Liste kommunistischer Sympathisanten streichen zu lassen.

Oliver Cromwell wurde zwei Jahre nach seinem Tod gehenkt und geköpft.

Von 20 Pinguinarten weltweit leben nur drei Arten in der Antarktis. Viele Pinguinarten sind sogar kälteempfindlich.

Bis 1970 durften Eltern in Frankreich die Vornamen für ihre Kinder nur aus einer offiziellen Liste auswählen.

Aus dem Hinduismus kann man nicht exkommuniziert werden.

Auf den Passfotos der Personalausweis- und Reisepassmuster, ausgestellt auf den Namen Mustermann, sind reale Mitarbeiter der Bundesdruckerei zu sehen.

In der Schweiz ist es verboten, eine Autotür zuzuknallen.

1919 explodierte in Boston ein Melassetank, woraufhin acht Millionen Liter Zuckersirup die Stadt überschwemmten und viele Gebäude plattwalzten. 21 Menschen starben.

Die Queen darf das Unterhaus des britischen Parlaments nicht betreten.

Im Zweiten Weltkrieg verwendeten die Alliierten über 50.000 Brieftauben.

Auf den Lofoten in Norwegen gibt es einen Ort namens Å. Å hat rund 100 Einwohner.

Der Heldenpilot des Raumjägers aus dem Spiel *StarCraft*, Tom Kazansky, hat seinen Namen von Lt. Tom »Iceman« Kazansky aus dem Film *Topgun*.

1480 erfand Leonardo da Vinci den Fallschirm.

Friedrich der Große von Preußen mochte seinen Kaffee am liebsten, wenn er mit Champagner statt Wasser zubereitet wurde.

Gustave Eiffel hatte seinen Nachnamen daher, dass sein Großvater aus der Eifel stammte.

Seesterne haben kein Gehirn.

Der zweite Vorname von Harry S. Truman, dem 33. Präsidenten der USA, lautet »S«.

In Toronto gibt es eine St. James Bond United Church.

Die Brüder George und Laszlo Biro erfanden den Kugelschreiber.

Die berühmten Worte »Mein Name ist Hase, ich weiß von nichts« wurden 1843 von dem Heidelberger Jurastudenten Victor von Hase als Eingangsworte einer Gerichtsverhandlung gesprochen.

Kim Jong-il wurde 1941 in der Sowjetunion als Juri Irsenowitsch Kim geboren.

Tausendfüßler mit 44 Beinen haben beim Gehen maximal drei Füße auf dem Boden.

Zwischen den beiden Weltkriegen hatte Frankreich 40 verschiedene Regierungen.

Die beiden Brüder Werner und Lorenz Bahlsen teilten 1999 ihr Keks-Imperium auf. Seitdem ist Werner für das Süßgebäck zuständig und Lorenz für alles Salzige.

Hohe Töne reißen eine Frau eher aus dem Schlaf als tiefe, weil sie auf ein schreiendes Baby eingestellt ist.

Der Streetskate-Weltrekord für den höchsten Ollie liegt bei 115,2 Zentimetern.

Im 16. Jahrhundert glaubte man, dass ein Muttermal durch unbefriedigte Gelüste der Mutter während der Schwangerschaft entstünde, daher der Name.

Im antiken Griechenland wurden Männer, die die Ehe brachen, dadurch bestraft, dass man ihnen einen Rettich in den Anus einführte.

Grover Cleveland war bisher der einzige US-Präsident, der zwischen seinen beiden Amtszeiten eine Pause einlegte, und zwar von 1889 bis 1893. Er ist deshalb der 22. und der 24. Präsident der USA.

99 Prozent der Erde sind heißer als 1.000 Grad Celsius.

Vanuatu, ein Inselstaat im Südpazifik, hat eine Nationalhymne mit dem Titel *Yumi, Yumi, Yumi.*

Habt ihr euch schon einmal vorgestellt, wie es aussieht, wenn Leute wie wir – das heißt verrückte, dilettantische Halbkünstler mit Kindskopf – professionelle Fotos im Greenscreenstudio schießen lassen, um sie für Presse und so was zu verwenden? Ich glaube nicht, aber das ist nicht so schlimm! Seht's euch einfach an.

In Litauen sind die *Simpsons* verboten, weil sie Werbung fürs Biertrinken machen. Vielleicht funktioniert die Serie deswegen auch so gut in Deutschland!

Für 100 Euro wechselte der Spieler Marcos Tébar 2010 von Real Madrid zum Zweitligisten FC Girona und stellte damit den Rekord für die niedrigste Ablösesumme im Profifußball auf.

Ein Spermium enthält 37,5 Megabyte Daten. Bei einer Ejakulation erfolgt ein Datentransfer von 1.500 Terrabyte in drei Sekunden.

Die Titelmelodien der Serie *CSI* sind von The Who.

Der Vatikan hat die niedrigste Geburtenrate der Welt und mit 100 Prozent den höchsten Anteil an Katholiken.

Bis vor einigen Jahren wurden in Wacken vor dem Heavy-Metal-Festival die offiziellen Ortsschilder aus Angst vor Diebstahl abgeschraubt.

Der Markenname Chio ist eine Zusammensetzung aus den Anfangsbuchstaben der Namen Carlo, Heinz und Irmgard von Opel, auf deren Gut zunächst nur Kartoffeln aus eigenem Anbau zu Kartoffelchips verarbeitet wurden.

Der erste öffentliche Ort Barcelonas, der 24 Stunden am Tag videoüberwacht wurde, war die Plaça de George Orwell.

Die höchste Geschwindigkeit, die jemals in stehender Position auf einem Skateboard erreicht wurde, liegt bei 100,66 Stundenkilometern.

Penisverletzungen infolge von Masturbationsversuchen mit Staubsaugern werden auch Morbus Kobold genannt.

Hugo Egon Balder heißt eigentlich Egon Hugo Balder.

Ein autoerotischer Unfall mit Todesfolge zählt im Sinne der Allgemeinen Unfallversicherungsbedingungen nicht als Unfall, weshalb für die Unfallversicherung keine Leistungspflicht besteht.

Der Fakt über Delfine auf Seite 39 ist vollkommen ohne Grund rot gefärbt worden. Wir hoffen, dass ihr euch bis hierhin den Kopf darüber zerbrochen habt, was für einen Sinn das hatte.

Der Papst hat kein Gehaltskonto.

Die Erfinderin von Benjamin Blümchen und Bibi Blocksberg, Elfie Donnelly, war lange mit Peter Lustig verheiratet.

Das schwerste Baby aller Zeiten wurde 1955 in Italien geboren und wog bei seiner Geburt 10,2 Kilo.

»Inbus« steht für »INnensechskantschraube Bauer Und Schaurte«.

Die Südasiatische Kobra ist auch unter dem Namen Brillenschlange bekannt. Ihr lateinischer Name lautet Naja naja.

Die erste Frau des russischen Bauern Fjodor Wassiljew, die von 1707 bis 1782 lebte, brachte 69 Kinder zur Welt, darunter 16-mal Zwillinge, siebenmal Drillinge und viermal Vierlinge. Sie hält den Weltrekord der größten Kinderzahl einer Frau.

Eine US-Amerikanerin hat drei ihrer Kinder jeweils an einem 29. Februar zur Welt gebracht.

Laut dem Bürgerlichen Gesetzbuch ist Sex in der Ehe Pflicht.

1896 wurde festgelegt, dass ein Fußballfeld in Deutschland frei von Bäumen sein muss. Das ist mal ein guter Einfall!

Fingernägel wachsen im Monat etwa 3,5 Millimeter.

ISS-Astronauten tragen ihre T-Shirts etwa einen Monat lang, die Socken wechseln sie wöchentlich.

Die längste Ehe aller Zeiten währte 86 Jahre und 290 Tage.

Die erste Pizza in Neapel war ohne Käse. Das ist fast wie ein Auto ohne Reifen; das ist einfach nicht richtig!

Der menschliche Körper besteht aus zehn Billionen Zellen.

Durch das Entfernen der Beinhaare und den dadurch verringerten Widerstand gewinnt ein Radsport-Profi eine Sekunde Zeit auf zehn Kilometer Strecke.

In einer Milliarde Jahre wird aus Plutonium Blei.

Prinz Harry von Wales heißt eigentlich Prince Henry Charles Albert David of Wales. Harry ist eine Koseform von Henry.

Der Sendeplatz für einen 30-sekündigen Werbespot beim Super Bowl 2014 kostete vier Millionen Dollar.

Die Spieler der nordamerikanischen Eishockey-Liga NHL verlieren durchschnittlich fünf Zähne pro Saison.

Jeder vierte Mensch muss niesen, wenn er in die Sonne schaut. Das wird als »photischer Niesreflex« bezeichnet. Die Ursachen sind ungeklärt.

Das österreichische Staatswappen besteht aus einem Adler, der Hammer und Sichel in den Krallen hält.

An einer Episode der *Simpsons* arbeiten 300 Leute etwa acht Monate lang.

Der Schwergewichtsboxer Mike Tyson war als Kind ein leidenschaftlicher Taubenzüchter. Passt zu ihm, finden wir.

Fakten über Videospiele

Es gab schon 'ne Seite über Pokémon, aber 'ne allgemeine Seite über Videospiele darf natürlich auch nicht fehlen. Selbstverständlich sollte jeder wissen, dass der Gameboy von einem Hausmeister entworfen wurde!

Richtig gelesen: Der Erfinder des Gameboys war eigentlich nur als Hausmeister bei Nintendo angestellt.

Der Sprecher des Characters Trevor aus *GTA V* hat einige Szenen in Unterhosen eingesprochen, um sich besser in die Rolle hineinversetzen zu können.

Die Idee zur Spielereihe *Kingdom Hearts* entstand durch Zufall, als ein Square-Enix-Entwickler zufällig einen Disney-Geschäftsführer im Fahrstuhl traf.

Der erste XBOX-Prototyp wurde aus alten Dell-Laptops zusammengebaut.

Profigamer werden mittlerweile als professionelle Sportler angesehen.

Zum Release von *Donkey Kong Country Returns* konnten die ersten 20 Käufer des Spiels in ausgewählten Läden anstatt mit Geld mit Bananen bezahlen.

Es gibt eine *Super Mario Bros.*-Pornoparodie mit dem Titel *Super Hornio Bros.*, die sogar ein Sequel bekommen hat.

Statistisch gesehen gibt es bei einem von 604 Flügen einen medizinischen Notfall an Bord.

Die Exfrau von Arnold Schwarzenegger, Maria Shriver, ist eine Nichte John F. Kennedys.

Johnny Depp ist auf dem linken Auge fast blind. Auf dem rechten ist er sowohl kurz- als auch weitsichtig.

Im Koran wird Jesus öfter erwähnt als Mohammed.

Das Marie-Byrd-Land in der Antarktis ist die vulkanreichste Gegend der Erde.

Der berühmte Satz »Hasta la vista, baby!« wurde in der spanischen Synchronisation von *Terminator 2* durch »Sayonara, baby!« ersetzt.

Jeder Liter Süßwasser wurde durchschnittlich schon dreimal von einem Lebewesen getrunken.

Der Name des Cappuccino stammt vom italienischen Wort »cappuccio« für »Kapuze« ab, weil die Farbe des Getränks an die Kutte der Kapuzinermönche erinnert.

Studien belegen, dass Verliebtheit maximal drei Jahre lang anhält. Das klingt ein wenig ernüchternd, nicht wahr?

Der Teil des Gehirns, der unter anderem für die Impulskontrolle zuständig ist, schließt seine Entwicklung erst nach über 20 Lebensjahren ab. Man vermutet, dass jüngere Menschen deshalb zu riskantem Verhalten neigen.

Udo Lindenberg ist bis 2022 der Inhaber der eingetragenen Marke »Panik«.

Im Durchschnitt werden in Köln rund 21 Millionen Liter Kölsch im Monat getrunken. Während des Karnevals sind es über 30 Millionen Liter.

Media Markt und Saturn gehören einer Firma, der Media-Saturn-Holding.

Master of Disaster ist ein Studienabschluss im Bereich Krisenmanagement.

Stephen Hillenburg, der Erfinder der Zeichentrickserie *SpongeBob Schwammkopf*, hat eine Zeitlang als Lehrer für Meeresbiologie gearbeitet.

Der Begriff »Mitesser« beruht auf der Überzeugung, Krankheiten seien ausschließlich auf Parasiten zurückzuführen. Im 19. Jahrhundert dachte man, es handele sich bei Mitessern um kleine Tierchen, die sich am Körper festsaugten. Andere Bezeichnungen waren daher Zehrwürmer oder Dürrmaden.

2009 kam die zweite Barbie-Edition mit Tattoos auf den Markt. Im Sortiment der Klebe-Tattoos findet sich auch ein Arschgeweih.

Die Ikea-Möbel haben Namen, weil Firmengründer Ingvar Kamprad sich keine Zahlen merken kann. Eigentlich 'n ziemlich süßes Konzept, oder?

Vögel können Alkohol besser abbauen als Menschen. Wären sie so groß wie ein Mensch, könnten sie alle sieben Minuten eine Flasche Wein trinken, ohne betrunken zu werden.

Im Browserspiel *Happy Wheels* ist der Wheelchair Guy der Einzige, der sich nirgendwo festhält, während er fährt.

Seit dem 12. Februar 1868 besitzt das Fürstentum Liechtenstein keine Armee mehr.

Der von Computerspielern verwendete Ausdruck »in den Zerg schießen« ist auf das Spiel *StarCraft* zurückzuführen.

Ein Bürger in London wird täglich im Durchschnitt von 300 Kameras erfasst.

Zu Beginn des 19. Jahrhunderts gab es Partys, auf denen man Lachgas atmete, um high zu werden.

Einer von 400 Männern ist in der Lage, sich selbst einen zu blasen. Wir haben's nicht ausprobiert. Ehrlich nicht!

KiK, der Name des Textildiscounters, steht für »Kunde ist König«.

Als »heteropaternale Superfekundation« bezeichnet man das Phänomen, wenn eine Frau Zwillinge von zwei unterschiedlichen Männern bekommt.

Mit mehr als sechs Millionen Zuschauern war *Fack ju Göhte* der erfolgreichste Film des Jahres 2013 in Deutschland.

Jährlich werden 311 New Yorker von Ratten gebissen. 1.519 New Yorker werden jedes Jahr von anderen New Yorkern gebissen.

In Turkmenistan musste man bis 2006 für die Führerscheinprüfung die 300-seitige Schrift des Staatsführers auswendig lernen.

In der deutschen StVO ist eine Ampel eine Lichtzeichenanlage. In Österreich finden sich Lichtzeichenanlagen nur an Eisenbahnkreuzungen.

In den Niederlanden ist Sex mit Tieren nicht strafbar, sofern die sexuelle Handlung in beiderseitigem Interesse geschieht. Gut zu wissen!

Hier ist das Buch dann wohl am Ende angelangt, und jedweder Output, der irgendwie wissenswert gewesen wäre, ist ausgeschöpft.

Wir hoffen, dass euch gefallen hat, was aus unseren Hirnen auf diese Blätter geflutscht ist. Vielleicht habt ihr ja auch ein oder zwei tatsächlich nützliche Dinge gelernt. Na ja ... eher nicht, aber hoffentlich hattet ihr Spaß!

Wenn ihr weiterhin verfolgen wollt, was wir so treiben, um keine Stories über unsere Reisen et cetera zu verpassen, schaut doch mal auf unseren YouTube- und Social-Media-Kanälen vorbei!

Youtube.com/Ardymon